子どもに聞かせる英語
子どもを動かす英語

～オール・イングリッシュによる小学校英語活動をめざして～

小学校英語活動必修化の向こうに

著者　松田　真由実
名古屋市英語活動アシスタント

はじめに

●指導者は学級担任？　ネイティブ？　それとも、日本人英語指導者？
『6年の担任お願いします』——平成20年3月文部科学省の新指導要領が告示されると、小学校では大きな嵐が巻き起こりました。えっ、本当に導入されるの？　一体誰がするの？　英語で授業するの？という中、普段でも日々の授業や子どもの対応に追われる学級担任の先生方に、その白羽の

矢がまず当たりました。それに呼応するように、平成20年度秋頃から各地では研究会や拠点校の公開授業などが頻繁に行われるようになりました。前倒しで行われるといった英語活動の準備に、担任の先生としては少しでも授業の感覚をものにしようと、各地のセミナーに熱心に参加しています。しかし、いざ実際自分が45分間の授業に立つとなればどうでしょう。45分、週に1回、もしくは2週間に1回のペースで行われる英語活動に、準備は万全なのかと途端に不安を感じられているのではないでしょうか。

また、外部指導者としてTT(ティームティーチング：以下略TT)ですでに授業に入っておられる先生方、もしくは、J-shineの資格を取られたばかりの先生方、指導案の立て方はわかった、また、英語の歌やゲームはよく知っているけれど、小学校は人数が多いからどうも不安だと思われている方には必読です。今回の英語活動の授業には英語の技能からくるコツと学級担任がもつクラス経営のコツを駆使し、英語をコミュニケーションというフィルターにかけたものが必要なのです。公立小学校での1年間の授業実践の記録を交えながら、ご紹介していきたいと思います。

●そのままでは使えない『英語ノート』
著者自身、遠い昔ですが、私立小学校で英語を教えていた経験があります。そして、昨年は平成20年度公立小学校で英語活動をT1で指導するということになり、その4月に手に入ったばかりの『英語ノート』を片手に、日々悪戦苦闘しながらオール・イングリッシュ の授業をしてみました。公立小学校の現場というのは、私立とは違って、多種多様な子どもがいます。また今の教育現場は本当に多くの問題を抱えているということが20年前と違っていたことでした。その実態を目の当たりにしたとき、オール・イングリッシュで授業することには無理があるのではないかと考え込んだほど

でした。

特に『英語ノート』を指導するにあたって、まずは付随する指導資料を参考にすることになりますが、『英語ノート』をそのまま文科省の指導資料にある指導案通りに授業を行うと、子どもたちの実態とかなりかけ離れたものになることが多く、子どもの心を掴んだ楽しい英語活動にするのには難しいようです。文科省がいうように実態に合わせ、利用できるところを利用するといったことはこういったことでしょう。著者自身も年度はじめにその指導資料に忠実に従って授業をしてみたわけですが、そのときの授業はまるで中学校の授業のようで、とてもいやな思いをしたことを今も忘れません。あの『英語ノート』にあるような理想の授業はあと数年またなければならないようです。

●ALT はダメ———では、学級担任ならよいのでしょうか？
平成 21 年 2 月に発表された国立教育研究所のデータによると、ALT（外国語指導助手 Assistant of Language Teacher：以下略して ALT）による授業がいちばん子どもの意欲・関心を失うものだという発表がありました。これは、英会話スクール出身もしくはそこから派遣されたネイティブの先生方の授業の進め方が、公立学校の実態を把握しきれず、カリキュラム自体も丸投げされたまま進んできた弊害といえましょう。もともと英会話スクールのカリキュラムにおいては、言語活動は少人数が基本なので、小学校で授業をするとき、なかなか子どもの心が掴めなくても当然な結果といえます。学校に常駐もしない、出前授業のような状態では良い授業を作るには大変難しいことです。
では、担任の先生ならよいのでしょうか？

●当面はTT、足りない技術は学びあうことが大切

学級担任が一人でしなければいけない環境もありますが、英語活動を運営するためのより理想的な体制は、学級担任とALTによるTTです。効果的な授業を作りだすためには担任のもつ学級経営力をうまく使いながら、英語の技能のある人材（ALTなどのNativeやJTEとしてのアシスタントteacher、もしくはTTティーチングのT1になる先生）の英語が必要です。ALTの経験やセンスを活かして、今回のコミュニケーション活動に基づく英語活動を展開するということです。<u>子どもを聞かせて、動かさなければ、良い授業にはつながらないということです</u>。本書では指導者が一人であっても、ALTがT1だとしても、オール・イングリッシュでどう授業を進めて言ったらよいかという点を探ったものです。そして必要なものは、英検3級程度の英語力と授業をエンターテイメントとしてプロデュースする力だけなのです。

●小学英語が児童英語化しないためには――

著者は昨年度名古屋の公立小学校で、名古屋市教育委員会委託である通称英語活動アシスタントとして活動し、1年生から6年生を各クラス年4時間、『英語ノート』から抜粋された3単元を指導しました。高学年・中学年・低学年に分け、3単元を学年に合わせてさらに書き下ろして指導案を練りました。同じ単元の授業回数は20回以上、年間では400時間になりました。授業はすべてオール・イングリッシュで行われ、学級担任とチームティーチングという形で行われました。一旦授業が始まるとアシスタントがT1として活動するといった形です。本書に載せたすべての指導案は、実際実践をしてうまくいったものばかりです。また、すべての活動は今回の新指導要領の下、その理論に基づいて考えられたものです。英語のゲームや歌を紹介している本はたくさんありますが、今回指導要領にあるコミュニ

ケーション活動のフィルターにかけたとき英語スキル指導が中心のものが多くあります。また、本書は指導要領に照らし合わせる必要はなく、安心して使っていただけます。本書では『英語ノート』の指導案と実際の授業実践の隙間を埋めた授業のコツを T1 として授業に立たれる読者のみなさんにお伝えしたいと思います。そして、子どもたちに楽しいコミュニケーション活動としての英語活動を体験させてほしいのです。

●新しい日本の英語教育：めざせ21世紀の国際人
公立小学校での英語活動必修化----これは日本の英語教育の大改革となりました。高校の指導要領も新しく書き換えられることになり、高校では、英語の授業は指導者は英語でクラスルームイングリッシュを使い授業を進めることとなりました。小学校では今まで中学校で担っていた英語の4技能のうち『聞くこと』・『話すこと』を分担します。小学校英語活動は文字通り中学校英語に引き継がれていきます。つまり、より専門的になったと言えるのではないでしょうか。必修化が完全実施されると、年間35時間のハイペースで進めなければなりません。そして、より指導力が求められる結果となったわけです。

●ペラペラにはならない英語活動
ここでは著者の思いについてお話ししたいと思います。ビジネス界のみならず国際社会で、日本人の英語力の無さが特に最近とり立たされています。しかし、これは今始まったことでもなく、著者自身私立の小学校で英語を1クラス週2回教えていた20年前でも言われていたことです。何をもって英語を話せるというのか、なぜ英語を使わなければ困るのか。今回の小学校英語必修化のねらいは、決して子どもたちに国際会議や英語の単行本をすらすら読めるようにしようというものではありません。年に35時間とい

う少ない時間の中では、これはあまり期待できるものではないということを保護者を含め私たちは気付かなくてはいけません。

●めざす授業のありかたとは
英語を自由に扱えるようになるためには最低6000時間からの授業が必要だといわれています。今までの中学校の指導要領に示された時間数でも約1500時間で、これでは全く成立しないことをまず理解することです。文部科学省はその状況を数々の調査からも今回の新指導要領で結論を出しているようです。小学校で体験すべき英語活動は、自己表現やごく身の回りの基本的な生活に必要なごく簡単な英語に慣れ親しむこととなります。今回、その目的を果たすため週に1回子どもたちに与えられた時間、つまり45分を大切に切り盛りすることがとても大事なのです。そしてこの限られた時間をうまく使えたなら、子どもたちは指導者と同じくらいのクラスルームイングリッシュが使い、オール・イングリッシュで教室いっぱいにしてくれるはずです。

２００９年３月

　　　　　　　　　　　　　　　　　　　　名古屋市英語活動アシスタント
　　　　　　　　　　　　　　　　　　　　　　　　松田　真由実

子どもに聞かせる英語 子どもを動かす英語

～オール・イングリッシュによる小学校英語活動をめざして～
小学校英語活動必修化の向こうに

はじめに

この本の使い方

第1章　『英語ノート』活用法

第１節　『小学校新指導要領　外国語活動』を読み解く・・・・・14
　●新指導要領と解説

第２節　『英語ノート』を効果的に使うために・・・・・・・・26
　●What：何を教えるか。How：どのように教えるか
　●指導実践例から見たウォーミングアップの必要性
　●もうひとつのカギ：ティームティーチングのあり方

第３節　『英語ノート』との比較・・・・・・・・・・・・・31
　●指導案と授業スクリプトがあること
　●指導案の見方

●授業スクリプトの見方

第4節　『英語ノート』指導資料との比較・・・・・・・・・・34
　　●　何を使い、何を削るか
　　●『英語ノート』指導資料の活用方法

第5節『英語ノート』指導実践例・・・・・・・・・・・36
　　●指導案と授業スクリプト：掲載ページ
　　●高学年・・・上級　Lesson9　将来の夢を語ろう・・・37
　　●中学年・・・初級　Lesson9　ランチメニューを作ろう・69
　　●低学年・・・初級　Lesson4　自己紹介をしよう・・・103

　　　　　　第2章　授業のコツ

第1節　授業の構成方法・・・・・・・・・・・・・110
　　●授業の流れ：静と動
　　●各項目の流れ：縦と横
　　●全体と個
　　●時間の配分
　　●挨拶：はじめと終わり

第2節　子どもを聞かせるオール・イングリッシュ・・・・114
　　●担任とALTの関係
　　●心の窓を開けるウォーミングアップの効果
　　●高学年の『つかみ』
　　●『いじり』の効果

- ●声の出し方もいろいろに
- ●ジェスチャーもヒ・ミ・ツ兵器
- ●英語 A-HA 体験
- ●絵カードの活用
- ●エンターテイメントな授業

第3節　子どもを動かすオール・イングリッシュ ・・・・・・121
- ●アクティビティのねらい
- ●Naming をよく考える
- ●「じゃなくてチャンツ」の利用
- ●デモンストレーション１２３
- ●対照比較して教える利点
- ●ゼロから始めるクラスルームイングリッシュ
- ●スクリプトを書こう
- ●歌の指導方法
- ●歌から会話への発展
- ●ETM を活用して
- ●helper
- ●ご褒美シール

第4節　オール・イングリッシュの英語を磨くコツ ・・・・・138
- ●多様な英語
- ●インターネットの活用
- ●教材の探し方
- ●教材作りに役立てる

第3章　実践に学ぶ

第1節　授業を終えて――体験談・失敗談 ・・・・・・・・・146
- 授業のほころびと修復
- Stand up. シット　down.
- 打ち合わせの時間なんてない!!
- お礼の唄
- 担任の先生からのありがとう
- I'm sorry.ができない
- You're a baby.
- Music, start!
- Good bye.　ブチッ！
- 机の組み方だけど、島にする？　口の字？
- 日本語で言うてぇ
- I show you cards.
- 自閉症の生徒のスピーチ
- 担任の先生！　プリーズ
- 大芝居に拍手！
- Are you ready?
- 高学年の授業
- 高学年の担任
- 功を奏した挨拶
- 挨拶　番外編
- スピーチではメモを見ない
- みんな、その理由が聞きたい

●スピーチの終わり方
　　●針の筵ろ
　　●ウッシュくん
　　●特別支援教室の英語活動　パート１
　　●特別試験教室の英語活動　パート２

第２節　子どもたちからの言葉・・・・・・・・・・・160
　　●高学年から
　　●中学年から
　　●低学年から

おわりに・・・・・・・・・・・・・・・・・164

この本の使い方

自学自習し、自立をめざすために

　とかく時間がないというのが先生という職業です。平日学校で過ごす時間を自身の知識や技術を使って「アウトプット」するならば、土日は平日の知識や技術を蓄える「インプット」の大切な時間です。いつも全力投球の先生、一体いつ体を休めることができるのでしょうか？　ワークショップやセミナーに出かけるのもいいですが、できれば無駄な時間をかけず効率よく勉強したいものです。
　今はインターネットという便利な道具があります。この道具をうまく使いこなして、授業へのエネルギーを心身ともに蓄えることができるようにと願い、このような形で実現を試みました。

☞　インターネット上の出典を示しました。
🗐　関連のある失敗談、体験談が書かれていることを示します。

第 1 章

『英語ノート』活用法

第1節　新指導要領を読み解く

　新指導要領と解説

> 目標（文科省新指導要領　小学校　外国語活動より抜粋）
> 外国語を通じて、言語や文化について体験的に理解を深め、積極的にコミュニケーションを図ろうとする態度の育成を図り、外国語の音声や基本的な表現に慣れ親しませながら、コミュニケーション能力の素地を養う。

平成20年3月に文科省から告示された小学校の学習指導要領では平成10

年より総合的な学習の時間の中で行われてきた外国語活動が切り離され、新たに単独で領域として取り扱われることとなりました。平成23年度に本施行されることになったこの外国語活動の必修化は早くもこの2年の移行期間に段階的に導入が開始されます。

すでに年間35時間の時間数が確保されていたところは、現行の独自に作成したカリキュラムと、今回『英語ノート』をもとにしたカリキュラムとの調整が行われ、あとは4月を待つばかりという状況です。しかし、まだ時間数さえ充分に確保できていない地域がたくさんあります。とりあえず2年間の猶予があるのだからということで、平成21年度は第1段階として10～16時間まで引き上げて『英語ノート』指導しようとするものが多くみられます。ただ、『英語ノート』を使った授業がどんなものだか、授業をする上において、授業のスタイルが見えてこないということが指導者の不安をますます掻き立てているようです。

☞HP：文部科学省　新しい学習指導要領
http://www.mext.go.jp/a_menu/shotou/new-cs/youryou/syokaisetsu/index.htm

ここでは文科省の指導要領の本文、解説にあわせて、さらに具体的に説明をし、指導者が授業を映像化し、自分で授業が計画できるようにすることがねらいです。『英語ノート』が未配布であったり、頼みの電子黒板もまだ届かないといった場合、あるいは充分な研修を受けるのにまだまだ時間がかかると考えられる場合には、とりあえずソフト面を充実させ、環境条件を整えつつ授業に備えるということが対策のひとつだと思います。

さて、本題に入ります。前述の外国語活動の目標については何度も聞いてもうすでに覚えてしまったという方もいるかもしれません。しかし、なぜこのような文言になったのか、その背景をまず知る必要があると思います。指導要領総則の中の総説に述べられているように、これからの時代は総合的な知識を必要とする「知識基盤社会」であり、加速する国際競争の中で生きていくには自他ともに協調・共生する「生きる力」の育成が重要だと述べられています。そしてまた、教育が学校のみで培われるのではなく、生涯を通して学習する姿勢が望まれるとしています。まさに教育の欧米化です。そして、まず冒頭にその根拠として各種の研究調査の結果から考えられる日本の教育の課題がまず述べられています。

1. 思考力・判断力・表現力などを問う読解力・知識・技能の活用が不十分
2. 学習習慣・生活習慣の乱れ　学習意欲の低下
3. 自己への不安など

以上を踏まえて今回小学校教育において重視すべきは次のようだと考えています。

1. 読み・書き・計算などの基礎・基本的な知識・技能の構築
2. 思考力・判断力・表現力を育成できる学習活動
3. 母語教育の強化、音読・暗唱、漢字の読み書きなどの定着
4. 自尊感情の育成

考えてみると、何年も前から新聞や本でよくいわれていたことです。

そして特に英語教育について次のように反省が述べられています。

----中学・高校における知識偏重の訳読中心主義の英語教育では実践的なコミュニケーション能力は培われなかった----

これも巷でよくいわれてきたことです。そしてその対策として平成15年に遠山文部科学大臣によって『「英語が使える日本人」の育成のための戦略構想』☞というものが発表されました。そこでは中学校卒業時には英検3級程度の英語力がつくように育成されることを目標としています。中学校の英語教育で4技能を同時に学習する困難さから、その軽減のために小学校英語活動の導入となったのです。つまり、小中連携を除いては今回の英語活動は考えられないのです。そして手探り状態でスタートした総合的な学習の時間の中では、英語活動が独り歩きをしてしまい、義務教育の機会均等の枠を超えてしまったというわけです。そういった問題、つまり統一化を図るためそのよりどころを示したものが『英語ノート』です。

☞HP:文科省
『「英語が使える日本人」の育成のための戦略構想』の策定について
http://www.mext.go.jp/b_menu/shingi/chousa/shotou/020/sku/020702.htm#plan

それでは、内容について具体的に話を進めたいとおもいます。

今回の英語活動の柱は次の3つにまとめられています。

1. 外国語を通じて、言語や文化について体験的に理解を深める。
2. 外国語を通じて、積極的にコミュニケーションを図ろうとする態度の育成を図る。
3. 外国語を通じて、外国語の音声や基本的な表現に慣れ親しませる。

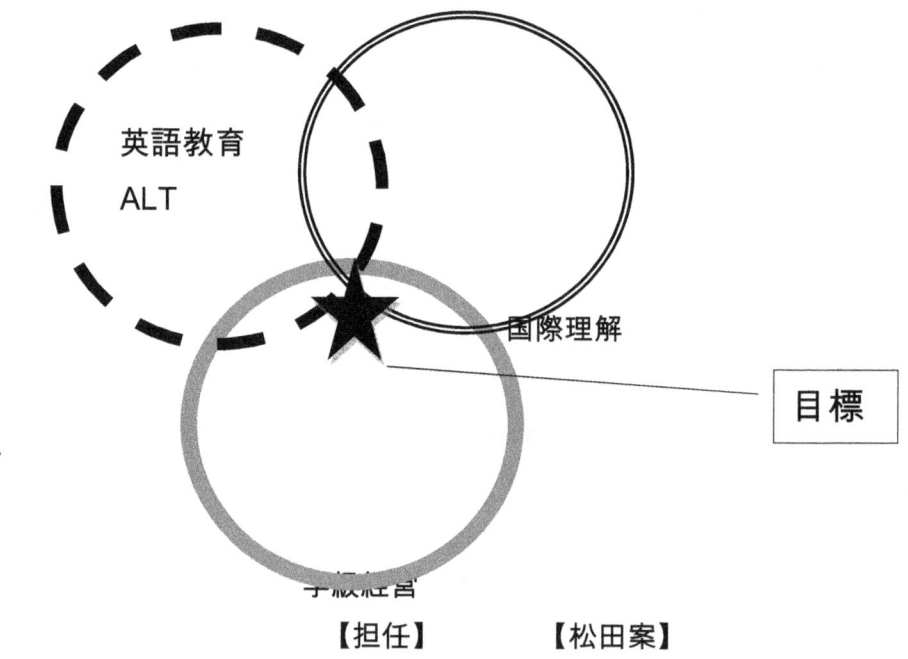

1．については今まで総合的な学習の時間で取り扱われてきた国際理解、母語教育との違いをねらったものです。2．については今後最も研究されていくだろう分野で、自己表現能力の育成をはかり、コミュニケーションの楽しさを体験させることで、今後中学・高校に続く英語教育における学習態度の動機づけを確立させるといったものです。また3．については今まで学校教育でやってきた分野で、今回最も悪影響のあったところです。外国語教育の基礎・基本的分野にもかかわらず、小学校段階においては特にその行き過ぎには気をつけなければなりません。特に、パターン・プラクティス(表現練習のために繰返し行う口頭練習)やダイアローグ(対話)の暗唱はスキル重視として捉えられるので要注意なのです。小学校の他の教科指導にみられるような、ひとつの単元のめあてがその時間の終了に学習者に定着させるために、教え込むような指導法は逆効果であると考えています。2年間の長い年月をかけ、何度も繰り返し学習しているうちに自然と身につけるといったスパイラル学習を目標としています。

(2) コミュニケーションに関する事項

---

(1) 外国語を用いてコミュニケーションを図る楽しさを体験すること。

今までよく見られた外国語を使って、ただ児童が喜ぶような楽しい活動を行うことは学校教育としてはよろしくないとしています。学校というところが学習する場所であるということを再認識するということになります。

「児童が使える外国語を駆使する」とありますが、それは各学校の実態によって違うので、あまり英語活動がなかったところでは今回工夫が少し必要になります。児童に負担のないよう児童が使える外国語を駆使し、積み木を積み上げるがごとく活動を広げていくのがよいようです。しかし、注意しなくてはならないのはいわゆる授業の工夫の行き過ぎです。授業が、まるで児童が大人用の自転車に補助輪をつけ走っているといったようなものになってしまわないよう気をつけなければいけません。ただ単に指導者の趣味に走らないよう、小学校英語活動は常に中学校の英語教育を意識し、その中で児童ができるコミュニケーション活動を追求しなければならないのです。

---

(2) 積極的に外国語を聞いたり、話したりすること。

先に説明した中学校の英語教育の取り組みの難点を解消するため、今回小学校英語活動に中学校の英語教育の4技能のうち「聞く」「話す」の2技能を先行導入したというわけです。(1)同様、積極的に英語を使ってコミュニケーションを体験させておくということが、中学・高校の英語教育で持続できる学習態度になると考えています。

---

(3) 言語を用いてコミュニケーションを図ることの大切さを知るということ。

冒頭で説明した日本の教育の問題点のひとつである表現力、理解力の育成ということです。コミュニケーション活動はその８０％が非言語要素で成り立っているといわれています。ここでは、あえて言語を用いたコミュニケーション活動とは残りの２０％の言語活動を英語でなくても、英語が正しくなくても、つまり日本語であっても良しとしています。それは文科省の管正隆調査官が描かれたイメージ図☞をみるとよくわかります。そこまで譲歩しなければいけないくらい日本の子どもたちのコミュニケーション能力は低いといわなければならないのでしょうか。

（３）言語と文化に関する事項

（１）外国語の音声やリズムなどに慣れ親しむとともに、日本語との違いを知り、言葉の面白さや豊かさに気付くこと。

細かい文構造や抽象的概念について理解させることが目標ではなく、外国語のもつ音声やリズムなどに慣れ親しませることがまず大切であるとしています。英語特有の音声やリズム、イントネーションの体得が何よりも重要だと考えています。

☞本　すぐに役立つ！小学校英語活動ガイドブック　管正隆　2008
　　出版社：ぎょうせい

(2) 日本と外国との生活、習慣、行事などの違いを知り、多様なものの見方や考え方があることに気付くこと。

英語は今実質的には世界共通語になりつつあるわけだが、それは日本にとって決して外国＝アメリカではなくということです。そして、これから日本が国際舞台の中で協調するためには、よりグローバルな視野でみていくといった学習が期待されているのです。この分野はすでに総合的な学習の時間で培われてきたものを活用するとよいと思われます。
また、特に強調されたことは逆に日本の文化の再認識で、児童にとってまず身近な遊びや食生活、行事を通して、自国の文化を発信できるよう育成したいと考えています。

(3) 異なる文化をもつ人々との交流などを体験し、文化等に対する理解を深めること。

(2) 同様、ネイティブ・スピーカーの登用ですでに実現されている分野ですが、むしろ今回の国立教育研究所の発表の結果、縮小されていくものと考えられ、今後は工夫が必要です。

3．指導計画と内容の取扱い

(4) 指導内容や活動については、児童の興味・関心にあったものとし、国語科、音楽科、図画工作科などの他教科等で児童が学習したことを活用するなどの工夫により、指導の効果を高めるようにすること。

つまり、教科横断的に授業を進めていくといったものです。これにより中学校にはない、より総合的で、体験的学習が期待されます。

> （４）指導計画の作成や事業の実施については、学級担任の教師または外国語活動を担当する教師が行うこととし、授業の実施に当たっては、ネイティブ・スピーカーの活用に努めるとともに、地域の実態に応じて、外国語に堪能な地域の人々の協力を得るなど、指導体制を充実すること。

つまり、指導者をだれにするかという点です。ここでは指導者は学級担任とは限定していませんし、実態に応じて指導体制を充実するようにと述べています。学校の実態は各地域、この英語教育においては相当な開きがあります。そういったことを踏まえると、今現在指導者として相応しいものは誰かと地域ごとに異なってくると考えられます。傾向としては、地方では担任主導型、都市部では外国語に堪能な地域人材として、J-shine 資格保持者などが非常勤講師となって実際教壇に立って、指導案を作成し実践を行いはじめているようです。政令都市における小学校の児童の実態を考えると、これ以上学級担任に負担強いるのは無理であろうということではないか推察します。平成21年度4月に改正される免許法にも反映されているように、クラスコントロールに長けた英語技能者の登用で指導者不足の解消にもつながります。では英語活動の何時間を担ってくれるのだろうか？現在、文書として明確にされているのが文科省の『「英語が使える日本人」の育成のための戦略構想』です。ここにはALTの導入が1/3になってもよいと書かれています。今回2月に発表になった国立研究所の指導者の適応

性において、ALTがもっとも低いという調査結果を考えると、この数字がどう動くのかは予想がつきません。少なくともネイティブ神話は消滅していくのではないかと思われます。

◆教材について

> （6）音声を取り扱う場合には、CD, DVDなどの視聴覚教材を積極的に活用すること。その際、使用する視聴覚教材は児童、学校及び地域の実態を考慮して適切なものとすること。

指導者不足の現状から学級担任が重い腰を上げたため、各地で開かれている『英語ノート』と謳ったワークショップやセミナーは今や大盛況です。英語に自信のないという学級担任は来る4月の授業に備えるべく、自分が担う授業のイメージを確かなものにするため、土日返上で講習に参加しています。

英語活動では、言語活動であるから音声教材なくては授業になりません。楽しく学ぶには歌やチャンツは必須です。そこで今後の指導方法の主流となるであろう学級担任に用意されたのが新兵器、電子黒板です。こういった機械というのは生徒を含め操作に慣れるのに手間取るが、小学校教育における担任の教材準備の手間や教材の著作権などを考えると、こういった器具の導入も時代の流れなのでしょう。ひとつのスタイルとしては認めざるを得ないが、個人的にはコミュニケーション学習は人対人であるのが本来の姿であることをあえてお伝えしたいと思います。そしてまた後半に書かれているように、学級担任が機械に頼りすぎ、過度にただ単に繰り返し

をさせるような学習方法にならないよう、充分配慮すべきであると強調されています。

> （１）２学年間を通じ指導に当たっては、次のような点に配慮するものとする。

２年間を通じてということなので、５年の３学期までに Lesson 9 が終了しなければいけないということではなく、実態に合わせ柔軟に考えることができます。

> ア　外国語でのコミュニケーションを体験させる際には、児童の発達の段階を考慮した表現を用い、児童にとって身近なコミュニケーションの場面を設定すること。

授業のポイントとしては高学年の興味・関心ある素材で、発話する英語表現としては、「聞いたことがある。言えるかもしれない。」といったレベルの英語を用いて、児童の自己表現を積極的に高める方法を考えなければなりません。聞いたこと・言えるかもしれない英語が何かと考えてみると、日本語の中には多くのカタカナ言葉が外来語として取り込まれています。英語が子どもたちの生活の中で、英語が第２言語となるのはありえないだろうという状況をみると、カタカナ言葉を子どもにとっていちばん身近な外来語ととらえてカタカナ言葉をヒントに、英語の音やリズムに乗せて表

現してみるといったことが、子どもたちの負担があまりないのではないかと思います。

また、内容について注意なければならないのは、これからの小学校英語活動は中学校の英語教育の前倒しでもなく、歌やゲームによる楽しいだけの英語活動でもないということなのです。特に、学校教育と英会話スクールなどで盛んな児童英語との区別ははっきりとつけていかなければなりません。また英語活動が先行導入されている学校では、スパイラルに学ぶという観点から、今まで行ってきた授業をコミュニケーション活動というフィルターにかけ、さらにまたオール・イングリッシュの山を登る技を丁寧に時間をかけて探せばよいのはないでしょうか。いままで国際理解教育の観点を強調しすぎていた授業は、理解を先行させことが多く、日本語による進行が不可欠となっていましたが、ここへ来て新たなアプローチを考える必要があるかもしれません。これからの小学校英語活動が児童の興味・関心のある場面設定ということを考えると児童の実態によっては今回高学年対象に配布される『英語ノート』には発達段階に合っていないものもあるような気がします。今後英語活動が継続されていく上で、カリキュラムの再編成は考えられることかもしれません。

◆文字の扱い方について

> イ　外国語でのコミュニケーションを体験させる際には、音声面を中心とし、アルファベットなどの文字や単語の取り扱いについては、児童の学習負担に配慮しつつ、音声によるコミュニケーションを補助するものとして用いること。

ここでは多くの先行の学校で起きている現象、つまり小学校英語活動が中

学校の英語教育になってしまう危機感をさらに述べています。教科に対する十分な知識のない学級担任が、遠い昔に受けた英語教育を再現し、文字指導に走り、つい児童に書かせ時間を過ごすといったことになってはいけないといっています。また書かせないとしても高学年故、文字をよりどころにする傾向をよきにとらえて、黒板にセンテンスを何文も掲示したり読ませたりといった活動はやはり行き過ぎのように感じられるようです。どれも今述べた中学校の英語教育の前倒しされた授業であると判断されてしまいます。あくまで小学校では、単語にしても文にしても、チャンク、つまり音の塊で捉えることにより、英語のリズムを崩さず表現することを目標にしたいと考えているので、文字を補助的に扱うという表現には充分に気をつける必要があります。文科省の中でも統一した見解はでなかったようです。

またアルファベットの大文字小文字に触れるのは具体的にどういった活動が触れた段階なのかよく吟味するべきです。もともとアルファベットは小学校４年、新指導要領では３年に、訓令式でローマ字学習を行います。そこで文字の形には触れていることになります。小学校での文字認識は文字の持つ音素を一文字ずつ認識するのではなく、塊で学習するといった段階でよいのではないかと思います。多くの学校では一文字ずつの音の認識をするほど年３５時間のカリキュラムには余裕がないと考えます。もちろんここでも先行して英語活動している学校では実態が異なります。ただ今後この英語活動が中学校・高校の英語教育とつながる今回の英語教育の大改革を考えると、ここでどんどんと先に進むのでは教育の均等化といった今回の大きな目的は一向に果たせなくなります。文字に走るのではなく国際・理解や他教科との関連の教材を掘り出し、コミュニケーションのフィルターにかけ直した授業研究をぜひやってほしいと思います。また、中学

校との連携をより強く意識し、まもなく改定される中学校の教科書や評価のポイントに合わせた小学校英語活動のあり方を探るべきだと思うのです。

いずれにしても大切なことは小学英語活動がただの情報の伝達に終わらないよう、英語活動の会話をして何の結果が得られたかに注目すべきです。それがコミュニケーション、つまり、意思伝達だからです。そしてその結果が自分のことであったり（自己表現）、今まで友達について知らなかったことであったり（他者理解）、また母語についての新たな発見であることが評価されることが必要です。活動自体にしかけをつくることで生徒の意欲をかきたてるのです。そのしかけ作りこそが授業の成否にかかわる大切なポイントです。

それには市販されている歌やゲームのマニュアル本に頼るのではなく、自分の児童の実態に合わせ、以上の学習指導要領を充分理解して授業計画を作成するのがよいと思われます。みなさんの健闘を期待したいです。

最後に、コミュニケーションの場面設定として文科省は小学校英語活動を具体的に次の6つの場面に分けて考えています。
授業を計画するときのヒントとなります。

[コミュニケーションの場面の例]

（ア）特有の表現がよくつかわれる場面
・あいさつ　・自己紹介　・買い物　・食事　・道案内など

（イ）児童の身近な暮らしにかかわる場面
・家庭での生活　・学校での学習や活動　・地域での行事
・子どもの遊び　など

[コミュニケーションの働きの例]
（ア）相手との関係を円滑にする
・礼を言う　・褒める　・丁寧表現
（イ）気持ちを伝える
（ウ）事実を伝える
（エ）考えや意図を伝える
・発表する

（オ）相手の行動を促す
・道案内をする

第2節　『英語ノート』を効果的に使うために

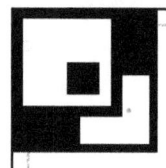 What：何を教えるか　How：どのように教えるか

今回『英語ノート』が作成されることにより、英語活動で何を教えるかといった What の部分においてはこのように指針が示されることについて随分解消されたように思います。言語活動は片言でも通じる会話もあれば、果ては読書、スピーチと活動はさまざまです。どれも確かに英語活動では

ありましたが、中学校の英語教育との連携を考えたとき、そうやみくもにやっていくわけにはいきません。子どもたちが中学へ行って英語と言う教科に向き合った時に、新た気持で、今まで小学校で学習してきたことを基礎に学習し続けられるよう小学校英語活動ではやっていかなければならないのです。そういった意味では以前よりかなり整理されたと思います。

具体的な『英語ノート』の利用の仕方についてお話します。今回実践をしてみた方法は『英語ノート』を1単元4時間で構成されたとおりに進み、45分という時間内ですべて終了するようにしました。英語活動を進めるのに他教科の大切な時間を使うわけにはいかないので、英語活動は英語活動の中で終了するというのが基本です。
今回指導した公立小学校ですが、残念ながら各学年年間4時間しか英語活動がありませんでした。しかし、英語活動自体は10年近く続けており、JTE（日本人英語教師）がAll Englishで行っており、それなりの成果が残されてきたことは他の地域と大いに異なるところといえます。

指導実践例から見たウォーミングアップの必要性

では、『英語ノート』をどんなふうに使っていけばよいのでしょうか。この問題は今各地の学校で大きな問題となって、悩みの種となっています。今まで充分に時間を当て英語活動を行ってきた学校では、45分のすべてを使って『英語ノート』を指導することができる力があるかもしれません。そう思われた時はまず文科省の指導資料の指導案をじっくりと読んで、授業の流れを思い浮かべてみて下さい。授業はじめの部分が楽しいと感じなければ、子どもたちの心は「ここにあらず」といった授業になってしまいま

す。小学校英語活動の特質を考えると、『英語ノート』の前に、ウォーミングアップとして子どもたちに英語の環境に入っていく橋渡しとなるような時間を心の準備として設けることが成功のカギとなると思います。

またこのウォーミングアップは各学校の実態に合わせるバネになる部分ではないかと個人的には考えます。ここ数年間の英語活動は教師も生徒もこれから長きにわたって始まる英語教育に少しずつ慣れるといった形で始めるのがよいと思われます。

もうひとつのカギ：ティームティーチングのあり方

公立の小学校でオール・イングリッシュを進めるにはもうひとつ大切なことがあります。それを解くカギがティームティーチングです。公立小学校のように児童の質は実に幅が広いと、一人で指導すること自体とても困難です。ましてや教職の単位でもなかった英語ともなれば、小学校の先生はますます大きく悩みをかかえるといったことになってしまいます。

オール・イングリッシュの英語活動と言えば私立の英語をまず思われるかもしれません。確かに私自身私立小学校で英語をオール・イングリッシュで教えたのがはじまりなのでその通りかもしれません。よくいわれるように、私立では生徒の質からはじまってさまざまな点で環境整備が整っています。また私立では特徴化することが方針ですので、私はとても優遇された環境であったかということを公立の教壇に立った時に実感しました。公立で教えるのは幅広い生徒の実態を踏まえて教えていく技術が必要だということを知りました。そしてそのひとつの大きなカギがこれから述べるようなティームティーチングだと思うのです。

今TTの主な体制はALT：外国語指導助手をT2として扱っているところが大変多いようです。前述のような今の小学校の状況を考えると子どもの実態をよく把握する担任が授業を管理する方が授業として成り立つと考えるからです。しかしこれではALTを音源としてしか活用せず、これでは子どもたちは英語を充分に活用できません。もう一つのケースはその反対の場合です。ALTを音源以上にその役割に期待しすべてを任せた場合です。うまくいけば最高のケースとなりますが、当たり外れがあることが多く、ここが問題点になります。つまり、T2の学級経営力が問われているということになります。子どもたちに充分に英語を活用させるのにもっとも理想的な形はT1が英語技能者、T2に学級担任というケースではないでしょうか。そしてその際のT2になった学級担任の役割は以下の通りです。これがいま私たちの子どもたちにできるオール・イングリッシュの形ではないかと考えます。

T1：ALT　　　　　　生徒に対してはAll Englishの活動となります。
T2：学級担任

- 生徒代表としてAll Englishのデモンストレーションを行う。
- 生徒代表として授業に積極的に参加していることを態度で示す。(ジェスチャー、声を出して繰り返すなど)

授業を進行していくためにどうしても日本語が必要な時はできるだけ最小限にすることが大切です。下に記述した点をより工夫することが授業をオール・イングリッシュでやっていくコツとなります。オール・イングリッシュの授業と言えばつい一方的な授業になりがちですが、ここを工夫する

ことが楽しい英語活動をめざすことだと思うのです。

 授業が始まるまでの工夫

ALTと担任（日本語）

単元構想・指導案を用いて、今日の授業の打ち合わせを行います。
・ デモをするタイミング、デモの英語（発音・語彙の理解）
・ 使用教室（椅子や机の配置、授業プランに応じた生徒のグループ分け）
・ 視聴覚教材の準備（CDプレーヤー、DVDなど）

 授業が始まってから、初めの挨拶が終わるまで-（日本語でもよい）

T1:　担任
- □　挨拶
- □　学習目標の確認をする。　単元の目標の理解しやすいよう、何についての学習かまた目標として何ができるようになることかを説明しておくと意欲が湧く。

T2：担任に従う。

 初めの挨拶から終わりの挨拶まで-（オール・イングリッシュ）

T1：ALT

T2：担任　役割　①生徒代表として英語のデモを行う。
　　　　　　　　②生徒代表として態度で参加する。

『In Japanese』とALTに言われた時、日本語で生徒に言います。

A:　新ゲームの紹介など英語のデモが行われても尚理解が難しく授業が進まないと判断された時、

　　　片言サポート　➡　『生き残りゲームだね』など。

　　　　　　　　　　　　【注意】その際の日本語介入は<u>英語の逐語訳ではなく</u>、要点を押さえた簡単な短い日本語で介入。

B:　理解が遅れていて授業について言っていない生徒についての支援。

　　　囁きサポート　➡　『一番後ろのあなたが立って答えるのよ。』

　終わりの挨拶から授業終了まで－（日本語）

担任：英語活動への生徒に対して担任の先生からの褒め言葉や今日の活動の振り返りがあると意欲が向上する。

子どもたちと楽しい英語活動が始められるように、今できる準備をしていきましょう。

第3節　『英語ノート』との比較

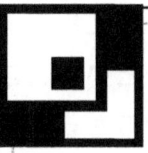 指導案と授業スクリプトがあること

1．『英語ノート』上級 Lesson 9 ：将来の夢を語ろう
2．『英語ノート』初級 Lesson 9 ：ランチメニューを作ろう
3．『英語ノート』初級 Lesson 4 ：自己紹介をしよう

上の3つの単元について本書に指導案と完全授業スクリプトを掲載しました。ティームティーチングをするためには、やはり指導案が要るようになってきます。授業中すべて自分一人、もしくは生徒を使ってのデモに混乱はないと思われるのなら、それほど詳しい指導案は必要ないでしょう。授業スクリプトはさらに自分だけがわかっていればよいのですから、ここまで書く必要はないと思います。しかし、ここに書いたようなポイントを押さえて授業をすることで、自分自身安心して授業できたことが良かったの

で今回掲載しました。これらは昨年度1年間を通して派遣された5校の公立小学校で実際実践したものです。前述のように、この市では小学校では全学年年間4時間という英語活動の時間が割り当てられていますので、低・中・高学年と3つの学年に『英語ノート』から3単元を抜粋し、各学年の実態に合わせて書き下ろしたものです。原則『英語ノート』に即して指導しましたので、各単元の目標と扱う表現をそのまま扱うよう工夫しました。文科省の指導資料の中に紹介されているゲームを同じように扱いました。苦労したところは文科省の指導案に即してどう与えるかというところです。たった3単元しかありませんが、授業をするたびに何度も書き替え、その集大成として3学期に行った授業のものをさらにわかりやすく手直しして、掲載しました。

指導の基本的な形は前述の説明したようなティームティーチングでの形です。す。各学校の状況に合わせ変更して使って下さい。ここでは授業の開始と終了は学級担任が受け持ち、学級担任からの呼びかけの後、JTE（日本人英語教師）が主導で授業をオール・イングリッシュで進めました。英語活動としてはT1が英語を技能とする指導者で、T2は学級担任ということになります。そして授業の構成としては指導案の構成が前半15分が「つかみ」、あるいはウォーミングアップとし、残りの30分を英語ノートに当てました。

対象学年	『英語ノート』の単元　各学年 L9	学習する表現
高学年	上級　Lesson 9 　　　将来の夢を紹介しよう	What do you want to be? 　　I want to be a teacher.
中学年	初級　Lesson 9 　　　ランチメニューを作ろう	What would you like? 　　I'd like sandwiches.
低学年	初級　Lesson 4 　　　自己紹介をしよう	Do you like apples? 　　Yes, I do. /No, I don't.

　指導案の見方

～構成～

分	学習活動		留意点	教材
	T1（ALT）と児童	T2（担任）　☆:日本語	●国際理解◎言語◆コミュニケーション	
1	○CDの準備 ○はじめのあいさつ 　日直 Stand up. 　　　Good morning, Ms Matsuda. 　T1　Good morning, everyone.	○準備が整ってから始める。 ◎授業はじめの号令（英語）をかける。 Today's leader! 着席後 Ms.ミズ Matsuda！	○準備が整ってから始める。 ◎日本語で答えるときの合言葉 　In Japanese 日本語で言ってね)	

◆学習活動の欄◆

学　習　活　動	
T1（ALT）と児童	T2（担任）　☆日本語

＊TTの形でT1がALT、T2が学級担任といった形で書いてあります。

学級担任が一人で行う時はT1とT2の列を総合してみて下さい。

* T2の注意事項
  ◎　T2が絶対にかかわる活動です。
  ☆　日本語で伝えることが可能です。

◆留意点の欄◆

留　意　点
●国際理解　　◎言語　　◆コミュニケーション

●主に国際理解の観点からの指導の留意点です。
◎主に言語活動の観点からの指導の留意点です。
◆主にコミュニケーション活動の観点からの指導の留意点です。

* それぞれの観点は綿密に絡み合っているので、「主に」ということで記載しました。

◆教材の欄◆
各活動で必要な教材を書きだしました。

●授業スクリプトの見方
◆使用教材◆
各ステージに分けて、使用教材を書きました。授業の準備に役立てて下さい。

◆授業スクリプト◆

時系列で書きだしました。
各活動を細かく分けて、次の活動へ移行する際に、何を注意し、子どもたちに何の力をつけるべきか、細かく書き出してみました。

第4節
『英語ノート』指導資料との比較

 何を使い、何を削るか

さて、実際に検証していきたいと思います。この章の最後に実践した指導案とその際授業の際によりどころとした授業スクリプトを掲載しました。実際には授業スクリプトというのは手に持って指導するということは難しいので、授業の前に完全に理解し、授業に臨むのがいいと思います。新しいスクリプトを作成するにあたって、全くゼロから書くことは大変な時間と労力ができれば最低限にしたいものです。せっかく英文指導書があるのですから、やはりこれを利用しない手はないでしょう。ただこの指導案の

授業が成功するには児童に相当な英語力が必要です。児童の実態に合わせ言葉を選ぶ必要があります。そして、言葉で伝えられなかった部分を指導者がジェスチャーをしてみたり、視聴覚教材や場面設定を駆使することで補います。小学校英語活動自体が新しい試みなので失敗にくじけずやりぬくことが大切です。

1. 本単元の扱う表現のメインセンテンスは必ず使う。
2. 指導者と児童のやり取りの例から Q&A 式になったやり取りの英文を使い、自分の指導案の骨とする。
3. ゲームの説明文では説明しすぎによる混乱が予想されるので、英文は短くする。しゃべり過ぎず、はっきりと話す方が伝わりやすい。
4. 授業の流れを掴む。一度イメージトレーニングする。
5. 教材の提示の仕方が普通すぎるので、もうひとひねりして提示する。
6. 児童の興味・関心に基づいた教材を探す。

『英語ノート』指導資料の活用方法

指導案についてですが、もし醜いようであればぜひ本書の該当するページを拡大し、文科省の『英語ノート』の指導資料の該当のページと比較して検証して下さい。文科省の指導案と本書の実践済みの二つの指導案を比較することで、他の単元についても自分で授業スクリプトが書けるように、そのルールを見つけ出してほしいと思います。

第5節 『英語ノート』指導実践例

 指導案と授業スクリプト：掲載ページ

級	単元タイトル	第時	文科省 指導資料	単元構想	指導案	授業スクリプト
上 L9	将来の夢を語ろう	1	P138-p139	P37	P38	P42-P51
		2	P142-p143		P39	P52-P58
		3	P146-p147		P40	P59- P62
		4	P148-p149		P41	P63 –P68
初 L9	ランチメニューを作ろう	1	P138-p139	P69	P70	P74 –P83
		2	P142-p143		P71	P84 –P89
		3	P146-p147		P72	P90- P95
		4	P148-p149		P73	P96- P102
初 L4	自己紹介をしよう	1	P58-P59	P103	P104	※割愛
		2	P62-p63		P105	
		3	P66-p67		P106	
		4	P68-p69		P107	

- ●高学年・・・上級　Lesson9　将来の夢を語ろう
- ●中学年・・・初級　Lesson9　ランチメニューを作ろう
- ●低学年・・・初級　Lesson4　自己紹介をしよう

※低学年向けの授業スクリプトについてはあえて掲載をしませんでした。

上級 L9 将来の夢を語ろう 単元構想

	第1回	第2回	第3回	第4回
Target	クラスルールの設定 様々な職業の言い方を知ろう	あなたのなりたい職業は何ですか	私の夢を聞いて下さい	私の夢を聞いて下さい
Warm-up	#聖徳太子Game I like ～	英会話体操：What?	英会話体操：What?	英会話体操：What?
Main Activity	英語ノート： Who's this? What's he? ・名前と職業を知る ・カタカナの職業 #Key Word Game #ジョン万次郎Game	英語ノート： What do you want to be? I want to be ～. ♪じゃなくてチャンツ #Card Game #Interview Game	英語ノート： What do you want to be? I want to be ～. ♪じゃなくてチャンツ #One Point Game ・その他の職業名紹介 #スピーチ作成	英語ノート： What do you want to be? I want to be ～. #スピーチをしよう #メモリークイズ ・他の人の発表を聞こう
HRT	振り返り： ①授業態度 ②英語と日本語の違い 人を表わす音	振り返り： ①授業態度 ②英語と日本語の違い 男女で異なる職業名	振り返り： ①授業態度 ②発表について	振り返り： ①授業態度 ②発表へのコメント

上級 L9 将来の夢を語ろう 第1時

No.1

分	学習活動 T1 (ALT)と児童	T2 担任) ☆:日本語	留意点 ●国際理解 ◎言語 ◆コミュニケーション	教材
5	○ はじめのあいさつ ・日直挨拶 　いつも通り日本語で挨拶する。 ・Hello, 名前。 　Nice to meet you. よろしくの握手。	○ 授業はじめの号令(英語)をかける。 ○ 生徒が着席後、T1を呼ぶ。 　Ms. ミズ Matsuda. ○ 児童の積極的な態度をより支援する。 　拍手・声かけ 　誉め言葉 Super! Good job!	日直:Today's leader ● 先生に対する敬称に注意する 　Mr/Ms. で呼びあう。 　先生同士・生徒⇒先生 ● 挨拶の違い 　①握手 左手は失礼 　②アイコンタクト＋スマイル 　自分が敵でないことを表現する。	
15	○ I like 導入 　自分の好きなもの 食べ物・趣味など ○ 聖徳太子ゲーム 　前に出てきた10人が同時に自分の 　好きなものを大声で言う。その言葉を聞きとる。 　絵カードをひとつ選ぶ 絵カードは見せない。 　T1&T2：声を合わせて) I like たこ焼き. / I like ケーキ. ○ 聖徳太子役の10人を前へ呼ぶ	◎ T1とデモをする。	◆ 友達のすきなものを知る ● 人の意見を大切にする 　①聞くこと。 　②大きな声で言う。	I like カード 好きなものカード
10	○ 英語ノート ○ Who is this? What is he? 名前と職業を答える) 　comedian, singer, teacher, 　baseball player, soccer player, tennis player, 　doctor, police officer, ○ じゃなくてチャンツ Sound Check T2: コメディアンじゃなくて T1: Comedian. Ss: Comedian. ティーチャー、シンガー、 ベースボールプレーヤー、サッカープレーヤー ドクター、ポリスマン	◎ T1とデモをする。 ☆ 下線部の日本語を言う。 テニスプレーヤー	● カタカナと英語の違いに気付く ● カタカナを思い切り日本語調で言い、英語との違いを明確に発音する。 ●T1のモデルの音をよく聞かることで生徒の耳を育てる。 ※ 聞く→発話 正しく発音させるため	Who カード 鈴
5	○ Key word game part 1 　リズムに乗って手を叩く 　キーワードを言わない。 　Doctor, doctor, ×× 手を叩く	○ 前に来て、生徒のモデルになり、手を叩く	● 聞く→言うのリズムを守る	
10	○ Key word Game part 2 　2人組み 机の真ん中に消しゴムを置く 　キーワードが聞こえたらすばやく消しゴムをとる 　どんどんキーワードを変えていく	○ 机間巡視する。	◎ 語彙の理解 聞き取り 　はじめの音に意識できるようになる。	
		☆ 振り返り 　楽しく活動できましたか？』	○ 担任の言葉が次の授業への 　児童の意欲につながる。	

上級　L9　将来の夢を語ろう　第2時

分	学習活動 T1 (ALT)と児童	学習活動 T2 担任) ☆:日本語	留意点 ●国際理解 ◎言語 ◆コミュニケーション	教材
	○準備：カードを貼る。	○CDの準備	○準備が整ってから始める。	
1	○日直 Stand up. 　Good morning, Ms Matsuda. T1　Good morning., everyone.	Today's leader! 着席後 Ms.ミズ Matsuda！	●欧米での学校での挨拶 ①お辞儀をしない。 ②立たない。 ◎日本語で答えるときの合言葉 　In Japanese（日本語で言ってね）	
15	♪英会話体操Hi-Bye：What? 絵カードを紙芝居調に見せ、CDを聞く ★今日の表現 　Brabrabrabra。What? 　In Japanese（日本語で言ってね） ○Passing the flag 国旗渡し 世界の国旗カードで国名を確認 生徒5〜6人に渡す。 マイク渡しゲームの要領で Brabrabrabra。と聞いたら座る。 ○CDを聞く 今日の会話表現の会話のみ歌う 残りは歌わない	○CDの操作 頭出し・音量調節） ☆ In Japaneseと聞かれたら、生徒に 『日本語で答えていいんだよ。』と伝え、 正解を導き出す。 2回で正解がなければ正解を言う。 正解：ペらぺら。　何？ ○前で生徒のモデルになり、 歌に合わせジェスチャーする。	◎ジェスチャーや絵をヒントに、スキットを 正しく理解する。 ○生徒のした和訳は否定はしない。 ◎初回なのでまず音を聞くことに 集中させる。	CD Hibye
5	○英語ノート語彙の復習 ブラックジャック is 〜。 doctor, singer, cook, teacher, police officer soccer player, tennis player, car racer, baseball player.	○前で生徒のモデルになり、 アクセントで手を叩く。	◎アクセントを意識し、英語の音と リズムに体で慣れ親しむ	Whoカード 職業カード
3	○じゃなくてチャンツ cookとコックの発音の違い		●日本語訛りな英語にならないよう 気をつける。	
15	○将来の夢　〜になりたい ・タイムラインを書いて10年後を考える。 　What do you want to be? 　I want to be 〜。イチローに聞く ・イチローにインタビューする。 ・なりたい夢をアンケート	☆ In Japanese 『なりたいという合言葉なんだね。』 生徒の発話を付け足すような形で 正しく理解するよう日本語で支援する。	○生徒のした和訳は否定はしない。 積極的な意欲を育成する。	イチロー
5	○Card Game 2人組み　カルタ 　What do you want to be? 　　　　　I want to be a singer. ○car racerとカーレーサーとの違い	○カルタを配布する。 Here you are.と言ってカードを置き、 Thank you.を確認して手渡す。	◎語彙の聞き取り、理解を重視、 ①正しくカードが取れる。 ②ターゲット文が言える。 ③問いかけ文が言える。 活動を通し自然に言えるようにする。	
1	 ○日直さん挨拶 日直 :Good bye, Ms. Matsuda 生徒全員 :Good bye, Ms. Matsuda.	☆振り返り 　楽しく活動できましたか？』 ○最後の挨拶の号令をかける。 生徒に英語でするよう声かける。	○担任の言葉が次の授業への 児童の意欲につながる。 この時間への担任の肯定的な 評価を表現する。 ●授業の後に、礼を述べる。 挨拶の後に、名前を言う。	

上級　L9　将来の夢を語ろう　第3時

No.3

分	学習活動		留意点	教材
	T1（ALT）と児童	T2 担任） ☆:日本語	● 国際理解　◎言語　◆コミュニケーション	
	○準備：カードを貼る。	○CDの準備	○準備が整ってから始める。	
1	○はじめのあいさつ 日直 Stand up. 　　Good morning, Ms Matsuda. T1　Good morning, everyone.	◎授業はじめの号令 英語）をかける。 Today's leader! 着席後 Ms. ミズ Matsuda！	◎日本語で答えるときの合言葉 　In Japanese 日本語で言ってね）	
15	♪英会話体操Hi-Bye：What? 英語を言いながらカードを黒板に並べる CD 前時の復習 既習の表現・ジェスチャー） ★今日の表現 Is this OK? I think so. 意味を確認する。 ジェスチャーを確認する。 ○Drawing game お絵かきゲーム 紙に担任の顔をごく簡単に描く 10秒 ペア活動 今日の表現を聞き合い、 終わったら座る。 CD 今日の表現を含め、立って歌う。	○CDの操作 頭出し・音量調節） ○前で生徒のモデルになり、 　歌に合わせジェスチャーする。 ○児童の積極的な態度を誉め、 　英語の声かけで支援する 　誉め言葉 Super! Good job! ○In Japanese!! 　正解：『これでいい？』『そう思うよ。』 ◎生徒の絵を選んで、担任の先生に尋ねる 　1回目 NOと答えてください 　2回目 NO 　3回目 まあよかったらI think so. ○前で生徒のモデルになり、 　歌に合わせジェスチャーする。	◎歌は必ず通しで最後まで聞く。 ◎ジェスチャーや絵をヒントに、 　スキットを正しく理解させる。 ◎スピーチメモ作りに向けて、 　Simple簡単、drawing絵を描くという 　言葉を理解させておく	CD Hi bye 紙 CD
5	○英語ノート復習 I want to beをつけて言う I want to be⇒意味確認 doctor, singer, cook, teacher, police officer soccer player, tennis player, car racer, baseball player.	◎In Japanese!! 　『合言葉でなりたいってことだよ』と日本語で サポートする。		タイトル カード 職業 カード
15	○Gesture Game 生徒二人を前に呼ぶ。1列に並ぶ。 T1: Look back. T1生徒1にジェスチャーして伝える。 ジェスチャーのみで伝える。伝言ゲーム） 声を出さず、ジェスチャのみで伝え、 最後の人が何の職業か番号で答える。 ○1回 6か7つの職業を紹介 × 2回	生徒1と生徒2: 後ろを向く 生徒1 生徒2にジェスチャーで伝える。 生徒2 正しいカードを答える。 ○6か7列になるよう列を組み直す。 ○ルールを守るよう監視する。	◆ジェスチャーのみで伝わることの 　大切さ→言語活動は80％は 　無声 顔の表情 身振り）で伝える ●様々な職業の英語を知り、。 　英語のリズムや音に慣れ親しむ	

上級　L9　将来の夢を語ろう　第4時

No.4

分	学習活動		留意点	教材
	T1　ALT)と児童	T2　担任) ☆:日本語	●国際理解　■言語　◆コミュニケーション	
	○準備:カードを貼る。	○CDの準備	○準備が整ってから始める。	
1	○はじめのあいさつ 日直 Stand up. 　　Good morning, Ms Matsuda. T1　Good morning., everyone.	◎授業はじめの号令 英語)をかける。 Today's leader! 着席後 Ms.ミズ Matsuda！	◎日本語で答えるときの合言葉 　In Japanese 日本語で言ってね)	
15	♪英会話体操Hi-Bye :What? ○Gesture Dance Show 発表会式にして歌う。 各会話ごとにジェスチャーを募集する。 CD 歌に合わせジェスチャーを発表する。 残りの生徒＝観客　手拍子をする。 CD みんな立って歌う 最後]	○CDの操作 頭出し・音量調節) ○楽しい雰囲気になるよう、前で 歌に合わせ手拍子を取る。 ○元気よく歌えるよう支援する。	 ●パーティや歌など楽しむ会では積極的な 態度で参加する態度を育成する。 ○最後なので楽しく歌えるようにする。	CD Hi bye
10	○英語ノート:復習 ○Make a dream board. 残りの職業カードを貼る ○Speech sheet check. スピーチシートを完成させる。 ①語彙②発音の確認	 ○自分の夢が思い当たらない生徒を 支援し、メモを完成させる。	○夢が見つからない場合、英語の練習 参加できるように支援する。 ◆理由を日本語で伝えることで友達同志の 夢をより具体的に理解できる。 ○他教科ですでに友達の夢を学習していた 場合には英語で理由も発表するとよい。	タイトル カード 職業 カード
15	○スピーチ発表 将来の夢を語ろう ○How to make a speech. ①Hello. ②My name is　(生徒の名前). ③I want to be　(なりたい職業)． ④reason. I like 〜. / I think it's 〜. ⑤Thank you. ○だれが発表するか ①グループ別 ②やりたい人　5〜6人ずつ 前の教壇に出て、並ぶ。 ○友達の夢を聞こう 10人分の友達の夢をメモする。	 ○日本語訳が必要な職業を和訳する。	 ◆初めと終わりの挨拶を忘れずに言う。 　Eye contact/Big Smile/Clear voiceを 　大切にする。 　聞き手に最後、Thank you.と言えることは 　聞き手は最後拍手をすることが重要である。 ◆スピーチの次の順番の人には待つ時の 　姿勢が大切であることを考えさせる。 ◆人の意見を聞くという態度の育成をする。 　ただし、メモを取ることに集中しすぎて 　出来ない時は中止する。 ●6年3学期であればグラデュエーション 　帽子を利用する。	スピーチ シート 拡大) プリント
2	○T1 : I have to say Good bye. 　I was happy to know your dreams 　See you again.	☆In Japanese!! 「これで最後になります。今日のみなさんの将来の夢を知ることができ 良かったです。また会いましょう。」		
1	○日直 :Thank you, Ms. Matsuda.	○日直挨拶 Thank you, Ms. Matsuda.	◆気持ちを込めて最後の挨拶をする。	

『英語ノート』　上級　Lesson 9
将来の夢を語ろう　　第1時

凡例　　☺☺・・・生徒の発話　　✋・・・注意すること
　　　　カタカナ表記になっているところは日本語でもよいところ

T1：ALT　T2:学級担任

❋使用する教材
・以下の写真または絵　　　　　　　今日の予定
　　Comedian・・・エドはるみ.　　　Game/Game
　　Teacher・・・でんじろう先生
　　Singer・・・　羞恥心
　　Baseball player・・松井秀樹
　　Soccer player・・・ベッカム
　　Tennis player・・シャラポア
　　Doctor・・・ブラックジャック
　　Police officer・・・両津勘吉

42

◆ステージ　1　　単語　　聞く　　+　　理解する

・このステージでは、基本となる職業単語を中心に、意味の理解をはかる。

職業カードを準備する。

I show you some cards. Those are the pictures.
They are the peoples from TV, sports, cartoons.
You tell me their name and job.

> ✋導入するカード数は今回9枚である。
> 　　パターン化しないよう、テレビタレント編、スポーツ編、マンガ編と
> 　　3分野にわけて導入する。

《TV編》
エドはるみのカードを見せる。
　　Who is this?　　What is she?
　　☺☺エドはるみ！
　　Is she a <u>singer</u>?　　☺☺ノー！　　"singer" まずは知っている
　　　　　　　　　　　　　　　　　　　　　　語彙をヒントとして出す。

　　Is she a <u>teacher</u>?　　☺☺ノー！　　"teacher" 次のカードの
　　　　　　　　　　　　　　　　　　　　　　ヒントになるようにする。

43

🖐生徒からすぐに反応がないとき、すぐにこちらから問いかけを行い、生徒が発話しやすい言葉で問いかけを行い、発話のリズムを崩さない。また、生徒がその問いかけをヒントに答えに結び付けられるように出す。そして、いろいろ聞いても答えがないようなら、こちらが答を言う。

She is a・・・(生徒の発話を待つ) comedian.　　☺☺コメディアン！
Comedian.　　☺☺Comedian！
Comedian.　　☺☺Comedian！

🖐キーになる語彙や新出単語は2回繰り返して聞かせる。一度目は発音やアクセントに注意し、発音を聞かせる。2度目には、もう一度ゆっくり丁寧に言うことで、生徒に発音させるようにする。ただし強要はしない。

☆以上のパターンを生徒の様子を見ながら進行させていく。

でんじろう先生のカードを見せる。
　Who is this?　What is he?
　でんじろう先生！
　Is he a comedian?　☺☺ノー！
　Is he a singer?　☺☺ノー！
　He is a・・・(生徒の発話を待つ)☺☺ティーチャー！
　Yes, he is a teacher. (確認も含めて、もう一度聞かせる。)

羞恥心のカードを見せる。
　　Who is this group?　☺☺羞恥心！
　　What are they?　☺☺シンガー！
《スポーツ編》松井秀樹のカードを準備する。
　　Who is this?　☺☺松井秀樹！
　　What is he?　☺☺ベースボールプレーヤー！

ベッカムのカードを準備する。
　　Who is this?　☺☺ベッカム！
　　What is he?　☺☺サッカープレーヤー！

シャラポアのカードを準備する。
　　Who is this?　☺☺シャラポア！
　　What is she?☺☺テニスプレーヤー！

《マンガ編》
Next person comes from cartoons.　<u>Cartoons.</u>

✋キーになる語彙は必ずもう一度繰り返し、聞かせる。　意味がわからなくても、この場合次のカードを見せればわかるので、あえてわからないままinfer推察させることが重要である。

ブラックジャックのカードを準備する。

Who is this?　☺☺ブラックジャック！
　　What is he?　☺☺ドクター！

両津勘吉のカードを準備する。
　　Who is this?　☺☺両津勘吉！
　　What is he?　☺☺ポリスオフィサー！

◆◆ステージ２　　聞く　＋　言う

・このステージでは、単語を何度も聞かせながら、語彙に慣れ親しませ、単語にアクセントがあることを意識させる。しかし、充分に言えていなくて強要はしない。

全単語を導入したところで、絵カードを言いながら語彙の確認を行う。

カードを指差し、確認しながら、
Comedian.　☺☺Comedian！（アクセントで手を叩く）
Comedian.　☺☺Comedian！

以上のやり方で、リズムに乗って、カードを確認していく。
Comedian. Teacher. Singer.（ＴＶ編）
Baseball player. Soccer player. Tennis player.（スポーツ編）
Doctor. Police officer.　（マンガ編）

✋ここで「バナナじゃなくて Banana チャンツ」を使って、チャンツを担任と二人でする。担任を登場させることで、①担任との信頼関係を作る、
②授業へ集中させるといった効果がある。

Let's do "じゃなくてチャンツ".
I need a big helper for this. Where is Mr./Ms. 担任 ?
You say Japanese. I say English. OK?

担任：コメディアン (思いっきり日本語で言う) じゃなくて、
ALT：Comedian　　（１回目は生徒に発音を聞かせる）
　　　　生徒に手招きして、
Ss：　☺☺Comedian！

✋この際担任とのリズムがかみ合わなかったとしても、とりあえず一連のショーとして、単語を聞き、繰り返させる目的で 2 回このチャンツをやってみせる。

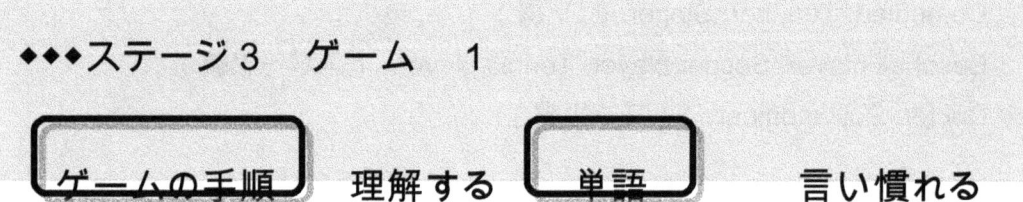

◆◆◆ステージ３　ゲーム　１

　ゲームの手順　　理解する　　単語　　　言い慣れる

・このステージではゲームの手順を理解するとともに、導入された単語を

何度も聞きながら、正しく言えるよう繰り返しをする。

Let's play a game.
This is Key word game.　Key word game.

ゲームの名前を意識させる。　生徒が『キーワードゲーム？』と気づくのを待つ。

> ✋間が大切。この段階で今からするゲームが何か全員の心に確認させる。

I choose a key word.　キーワードを選び、丸で囲む。
Off course I choose 羞恥心 as a key word.

This is the keyword.
We say a word with this rhythm.
On the key word you don't say the word
You just clap your hands.

Here we go.（まずはすぐにやってみせる。）
Singer.　（ここで口の前で指をクロスさせ、「言わない」というジェスチャーをする。）
Don't say the word. You just clap your hand.
手を叩くジェスチャーをする。

デモ：２回目。

同様のリズムで練習する。

わかったところでカードの順序を少し変えながら、1往復する。

✋ あまり変化を与えすぎると、ここで難しさを感じ、あとの活動へ参加しなくなるので注意する。

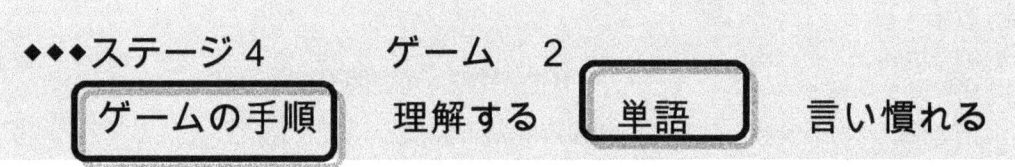

・このステージでは新たなゲーム手順を理解するとともに、同様に繰り返しを通して、単語の言い慣れをはかる。

Let's get this game version up.　　Make it harder, all right?

I need one helper this time.　前列真ん中の一人を指名し、
Stand up, please.　机を前に出し、机の横に座らせる。
Sit down.

Now I need an eraser.
Do you have erasers?　ジェスチャーで、消しゴムがあるか？と尋ねる。
できれば、ほかの生徒を巻き込むため後ろのほうから消しゴムを貸しても

らう。
(クラス全体を巻き込む)

I put this eraser in the center of you and me.
机をあわせたど真ん中に消しゴムを置く。

Now look at the blackboard.
カードの端から先ほどのチャンツの要領ですることを意識させる。

I say comedian, comedian, clap, clap,
Teacher, teacher, clap, clap. みんなが手を叩くように促す。
Singer. On the key word you don't say it. You take the eraser quickly.

　キーワードの singer では手を叩かず、繰り返さず、すばやく消しゴムを取り、
I got it.（とったよ。）ということをジェスチャーを交えて伝える。

✋この時点ではわからなくてもよいので、集中して聞くと言うことが大切。
ゲームの手順を推察させる。2 回説明することで、理解不足を補う。

デモ: 2 回目
Comedian. ☺☺Comedian!!　Clap, clap.
Teacher . ☺☺Teacher!! Clap, clap.
Baseball player.　☺☺Baseball player!! Clap, clap.
先ほど 3 回目でキーワードを言ったので,ここでは油断させる。

Singer．生徒が消しゴムを取る。
☺☺I got it.!!

◆◆◆◆ステージ5　ゲーム　2　単語　慣れ親しむ

・このステージではゲームを通して、単語に慣れ親しみながら、活動を楽しむ。

Now it is your time.
Everybody, put your desks together.
机をあわせるジェスチャーを全員に向けてする
消しゴムを真ん中に置くように机間巡視する。

だいたい準備ができたところで
Are you ready?　クラス全体にメロディーに乗せ、問いかける。

> ✋歌で注意をすると、あっという間に静かになる。

Yes, I'm ready.　先生は準備はいいよ。の意味を込めてジェスチャーする。
Yes, we are ready.　僕たち全員、できたよね。の意味を込めてジェスチャーする。
1,2.　メロディーにあわせて、全員声を合わせて言わせることで集中させる。☺☺Yes, we are ready！

Everybody, put your hands on your head.　手は頭の上の体勢になる。

Here we go with this rhythm.

カードを指差し、今まで繰り返していたリズムを壊さずに進む。

Comedian． ☺☺Comedian！　手拍子２回。
Teacher．　☺☺Teacher！　手拍子２回　はじめは語順を変えずにいく。
Soccer player．☺☺Soccer player！　手拍子　２回

このリズムでわざとカードをほとんど最後まで一気に繰り返しをさせる。

Doctor．　☺☺Doctor！　手拍子　２回
Singer　　☺☺Singer！！

勝負が決まったらここで　I got it.を確認し、消しゴムを実際取った生徒に聞き、I got it.を理解させ、一度言わせて語彙が増えるのでしておくとよい。

今度は反対から同様にリズムに乗ってゲームを進める。

・・・

３回くらい勝敗がついたところで、一度黒板を注目させる。

Let's change the key word, alright?
今までのキーワードを元の位置に戻し、新しいキーワードを募る。

I'll call on you.　生徒を指名する。
この時、生徒の名札が机の下に隠れていたりしたら、

すかさず名前を聞く。

What's your name?
突然の質問に生徒が答えられないなら、こちらが名札を読み、生徒を当てる。

What do you like as a key word?　もしくは　What is your key word?

> ✋この時点では、キーワードを黒板の中から選ぶにあたって、ただ指差すのではなく、口頭で答えるようにさせたい。しかし、無理にはしない。

OK.　This time the key word is (例えば　Teacher).
Everybody, we change the key word.　キーワードを再確認しておく。

Let's do it again.
1勝負ごとにキーワードを変え、語彙の聞き慣れ、言い慣れるように、時間のある限り続ける。

最後授業の3分くらい前には終了体勢に入る。
Now next is the last time.　と告知する

最後の勝負が付いたら、注目させる。
Let's count your points.　数を数えるジェスチャーをする。

How many points did you get?
One point? Raise your hand.　手を上げさせる。
Two points?

Did you get three points?　単語で聞くことに慣れたら、文で問う。

Today's class champion is　～。
Give her/him a big hand.　拍手を促す。

最後に時間があれば、もう一度カードを発音するとよい。

Time is over.
Let's do the ending greeting.

Who is today's leader?
日直さん：Stand up.
　　　　　Good bye, Ms. Matsuda.
T1(Matsuda): Good bye, everyone.

```
※使用教材
  第１限目に使用した絵カードや写真　９枚
  それと同じ単語の『英語ノート』の絵　９枚
  イチローのクイズカード　　３枚
  イチローの小学生の時の写真(道徳の教科書からのコピー)
```

game/game

◆ステージ　１　　　　単語　聞く　＋　理解する

・このステージでは前時に学習した単語を復習する。

Today first of all we play a Memory Quiz. Memory Quiz. OK?
I show you a card. You tell me who it is.

前回使用したカードを準備する。
Comedian のカードを見せて、
Who is this?　☺☺エドはるみ！　She is　エドはるみ.
Her name is　エドはるみ.

☝生徒が単語で答えると、教師は必ず文で聞かせるようにする。

Is she a singer?　☺☺No!　☺☺Comedian！
Yes, she is a comedian.

☝前回使用したカードを同じ順序で提示していく。授業のはじめからあまり負荷をかけない方がよい。ほとんどおなじ要領で復習をする。

Teacher のカードを見せて
Next.
Who is this?　☺☺でんじろう.Yes, his name is　でんじろう.
 And he is a ☺☺Teacher.

☝絵カードの名前と職業を確認する。パターンに飽きさせないよう、負荷をかける。①質問文に対して、正しく答える。②生徒の答え方を単語→文にする。③His/ Her name is　～.の答え方に慣れさせる。④He/ She is　～.

☝生徒の実態にあわせ、以上のことを踏まえながら、授業を進める。大切なことは授業のリズムを崩さないこと。

羞恥心のカードを見せる。
　Who are they?　☺☺羞恥心！

Yes, their name is 羞恥心.
　　What are they?　☺☺シンガー！
　　They are singers.

松井秀樹のカードを準備する。
　　Who is this?　☺☺松井秀樹！
　　Yes, his name is Hideki　Matsui.
　　What is he?　☺☺ベースボールプレーヤー！
　　He is a baseball player.

ベッカムのカードを準備する。
　　Who is this?　☺☺ベッカム！　His name is Beckham.
　　What is he?　☺☺サッカープレーヤー！
　　He is a soccer player.

シャラポアのカードを準備する。
　　Who is this?　☺☺シャラポア！
　　Her name is Sharapova.
　　What is she?　☺☺テニスプレーヤー！
　　She is a tennis player.

ブラックジャックのカードを準備する。
　　Who is this?　☺☺ブラックジャック！
　　Her name is Sharapova.
　　What is she?　☺☺ドクター！
　　He is a doctor.

両津勘吉のカードを準備する。
　Who is this?　☺☺両津勘吉！
　His name is Kankichi Ryotsu.
　What is she? ☺☺ポリスマン！
　He is a police officer .

◆カードを復習するための別のプラン

新しいカードを黒板にランダムに並べる。
Doctor.　Singer. Cook. Teacher. Police officer. Tennis player. Car racer. Baseball player
Let's play a matching game. I have the picture card. I show you.
カード を絵の下に貼ってみせる。
カードを配る。
カードが出揃ったら　Is this OK?　I think so.

◆ステージ　2　　　I want to be　　理解する

・このステージでは本単元のターゲット文である導入を行い、その意味を理解させる。

✋全カードを黒板に貼る。ただし真ん中を開けておく。

In the last I show you one more picture.

Look.　イチローカード①渦巻き加工のカードを見せる。
Can you guess who this is？
☺☺野球選手！　☺☺マリナーズ！
Let's check the answer.　3，2，1．
イチローカード②　→イチローカード③正解のカードを見せる
Yes, he is Ichiro.

タイムライン、直線を黒板に書く。
This is the year 2008.
今年の２００８を記入する

-20 years ago.
He was a little boy. イチローの小学校時代の写真を見せる。

I will interview him.
マイクに持ったジェスチャーで Ichiro にインタビューする。
Hello, Ichiro.
What do you want to be?

My name is Ichiro. 少年時代の写真の前に立って言う。
I want to be a baseball player.
プロ野球選手の写真の前で言う。
Now I am a baseball player.

もう一度インタビューのところをする。
In Japanese.で日本語を確認する

生徒：☺野球選手になりたい。
OK.

◆ステージ　2　　　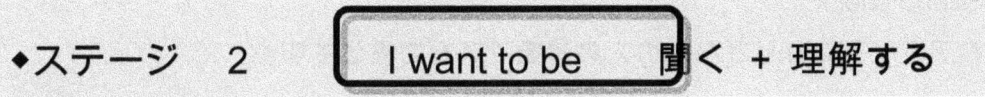　聞く + 理解する

Now let me ask your age.
How old are you?　１１？　１２？
手を挙げ答えさせる。
＋２０．　２０ years later, what do you want to be?
Let me ask your dream.
人気のありそうなカードから、尋ねていく。【友達の意見を聞く】
Doctor の絵：I want to be a doctor.　Raise your hand.
のこりの８枚のカードについて同様にして質問していく。

◆ステージ　3　　　　聞く + 繰り返す

・このステージでは、ターゲット文を何度も聞かせながら、慣れ親しませ、リズムをつけて言う。しかし、充分に言えていなくて強要はしない。

Now today let's play the key word game one more time.
But today we go with this rhythm.
　Doctor.　☺☺ I want to be a doctor.　×　×．

🖐しつこくしないこと。口慣らし程度でよい。

* 既習のカードを復習するためのアクティビティ

Sound check

ペアか一列になりとなりの人の肩をリズムに乗せて叩く

* Interview game　I want to be が言えるとき

T1: I have a singer card. A singer.

T2: I have a teacher. A teacher.

S: Hello.　I want to be a singer.

T1: I want to be a singer.

T1+S:　Wow.　席に着く

◆ステージ　4　ゲーム　1

ゲームの手順　理解する　　I want to be　言い慣れる

・このステージではゲームの手順を理解し、活動を通してターゲット文に慣れ親しむ。

Now let's play a card game, Karuta.

Make a pairs. Put your desks together.

はじめのペアにカードを渡すとき、

Here you are.　☺☺Thank you.の言葉を待つ。

言うまでカードは渡さない。

言えたらカードを渡し、机に広げるようジェスチャーする。
Spread the cards.
T2の先生にカードを配るのを手伝ってもらう。
Here you are.　Thank you.のルールを守る。

だいたい準備ができたところで
Are you ready?　クラス全体にメロディーに乗せ問いかける。
Yes, I'm ready.　先生は準備はいいよ。の意味を込めてジェスチャーする。
Yes, we are ready.　僕たち全員、できたよね。の意味を込めてジェスチャーする。
1,2. 合図の後、メロディーにあわせて、全員声を合わせて言わせることで集中させる。
☺☺Yes, we are ready！

✋歌で注意をすると、あっという間に静かになる。

Put your hands on your head.　両手を頭の上に置く。
Ready?
　　What do you want to be?
　　☺☺What do you want to be?
　　I want to be
　　☺☺I want to be
　　I want to be
　　☺☺I want to be
　　I want to be a teacher.

上記のリズムでカルタ取りを行う。2人にカードを渡す。

カードが残り2枚ほどになると、お手付きありのルールにする。
Now you see the last two cards.
Let's make a new rule.
When I say it as in Japanese, I want to be カーレーサー,
Don't take that card.
If you take a wrong card, that is Otetsuki.
You take one break.
If you take the right card, I'll give you two points.
正しく取れたら2ポイント。

カードが全てなくなったら、
Finished!
Tell me how many points did you get?
Let me ask.
One point. Raise your hand.

○○ is the champion.
Give him/her a big hand.

Time is up.
前時同様、終了の挨拶を行う。

『英語ノート』　上級　Lesson 9

　　　　　『将来の夢を語ろう』　　第３時

使用教材
　第１限目に使用した絵カードや写真　９枚
　それと同じ単語の『英語ノート』の絵　９枚
　のこりの職業カードすべてをジェスチャーゲームに使用
　タイトルカード『将来の夢』『I want to be a teacher.』
・今日の予定カード
game/game

◆ステージ　1　　I want to be a teacher.　+理解する

・このステージでは前時の復習をする。ターゲット文の意味を確認する。

We are learning this.『将来の夢』

『I want to be a teacher.』文字カードを見せ、3回言ってみる。

Let me ask you.　I want to be a teacher in Japanese.

☺☺私の将来の夢は先生です。

Very good.

Let's check the pictures.

　Doctor.　☺☺ I want to be a doctor.

既習のカードをリズムよくめくり、確認していく。

理解が不十分だと思った時には In Japanese.と言って日本語を確認。

◆◆ステージ　2　　　理解する

・このステージではスピーチに使う職業カードを導入する。時間があれば職業単語を言えるようにしたいが、語彙数が多いので今回は語彙を理解できればよい。

Now let's play a gesture game.

Gesture message game.

I show you the picture.

What is this?　　☺☺Nurse.

In Japanese?　　☺☺看護師

What is this?　　☺☺Cartoonist.

In Japanese?　　☺☺漫画家

I need two helpers to come up here and make a gesture.
生徒２人を選び、一人ずつ離れて立たせる。

２人に対して、
I tell you a gesture. You tell me which one.
Don't say any word.　　That's the rule.
声を出してはいけないことをジェスチャーで伝えておく。
You look back.　　廊下を見させる。

残りの生徒全員にどちらのジェスチャーを伝えるか答えを指で示す。

前に出た１番目の生徒にジェスチャーを伝える。生徒の肩をとんとんと叩く。
看護師：『熱がある。体温を測る。注射する。』のジェスチャーを伝える。
１番目の生徒は何かわかったところで、次の生徒にジェスチャーを伝える。その時無言であることを強調する。
最後の生徒が伝わってきたジェスチャーが何か答えを指し示す。

Let's check the pictures.
Sumo wrestler.　　In Japanese?　　☺☺関取り
 I want to be a sumo wrestler.
☺☺I want to be a sumo wrestler.
カードの絵と日本語をチェックする。

✋単語のグループ分け：似たような絵が多いので、次のグループに分けると

混乱は少ない。

グループ1： sumo wrestler, scientist, computer programmer, artist, vet, baker, photographer

グループ2： carpenter, florist, dentist, sushi chef, dancer, fisherman, pilot, dentist

Understand?　You tell the gesture to the last.
担任と列数を確認。
列で競うことを伝える。We race in the line.

We have six lines.　This is No.1.　列の数を確認。

🖐6か7列にする。でなければ横列にしてもよい。

I show you cards.　カードを見せる。
Artist.　・・・カードの絵を確認。
理解しにくいものは In Japanese.で意味を確認する。

The first row. 前列。Stand up.
You are the leader. You come up to the front.
Otherwise the rest of you look back.
残りの生徒は後ろを向く。

カードを黒板の溝か黒板の下の方、もしくはチョーク受けに並べる。
前列1列目の人、それぞれジェスチャーをしたいカードを選んだら、カードを黒板の上の方に貼りなおし(誰がどの絵を選んだか確認するため)、席に戻る。

後ろに行く。もう一度、ルールを確認しておく。
Check the rule once again.
1.You don't say a word.
2.When you are finished, the last person stands up.
Ready , set, go.

机間巡視する。
前の黒板に戻り、カードの下に解答のための数字をつける。

☞発音練習を充分にしていないので、英単語を言うことを強要しない方法。

最後まで全員ジェスチャーが伝わったら、答えあわせをする。
Answer check.
Let's check from this side.　こちらの列からします。
Who is the last in this line?　最後の生徒が立つ。
You tell an answer number.

列の最後の生徒：(1列目の生徒に尋ねる。) No. 3？
1列目の生徒：Yes. That's right.
Your answer is a carpenter. 確認する。

☞本単元のターゲットの英語は、授業中意図的に何度も聞かせるよう工夫する。

同様に答え合わせをする。
カードを全員で復唱する。

時間があれば第2ラウンドとして、もう一度カードを変えて
同じゲームを行う。(単語のグループ分けを参考にする。)

◆◆職業カードの語彙の導入は終了

前時同様、終了の挨拶を行う。

『英語ノート』 上級 Lesson 9
✠将来の夢を語ろう✠　　第4時

※使用教材
- 『英語ノート』の職業カード　全36枚
    - グループ①　第1時のカルタゲームに使用したカード　　10枚
    - グループ②　第2時のジェスチャーゲームに使用したカード
        　　　　　　(7列でしたとすると)　　14枚
    - グループ③　Astronaut のカード　　1枚
    - グループ④　残りのカード　　12枚
- タイトルカード『将来の夢』『I want to be a teacher.』

・今日の予定カード
　game/speech

◆ステージ　1　　　I want to be a teacher.　　復習

・このステージでは前時の復習をしながら、スピーチに備える。ターゲット文の意味を再確認する。

Before you tell your dream, I give you a real job.
This is a pasting job.
You put these dream cards on the blackboard.
Let's make a dream board.

I give you dream pictures.
一人4枚黒板に貼ってくる。
☞グループ②と④のカードを渡す。

Thank you.
Now let's check these new dreams.
新出語彙のみ1回ずつ発音していく。

◆ステージ　2　　　スピーチ　　慣れ親しむ

・このステージでは習った英語を使い、活動を楽しむ。スピーチを通して

70

友達の将来の夢について知り、理解しあえることが大切である。

Now let's finish up the speech sheet.
Show me your speech sheet.

I give 10 minutes to finish your speech.
If you have a question, raise your hand.
OK?

手が上がったところから支援に行き、質問に答える。

> ✋たくさん一度に手があがったりした時には、無視をせず、順番を守りながら答えていく。割り込みが簡単に認められてしまう日本の社会だが、特に欧米では自分の順番をきちんと待ち、一端自分の時間が確保されたら、自分の時間を納得いくまで使おうという姿勢がある。そういったルールも

体験させることも大切である。

OK.　You are ready for a speech this time?

I show you one more dream picture.
This is the dream of the dreams.
Astronaut.
In Japanese?　☺☺宇宙飛行士。

This is our big dream, right?
If you want to be an astronaut, what do you say?

I want to be an astronaut. ×3回　リズムに乗って。
In Japanese? ☺☺宇宙飛行士になりたい。

Now let's start make a speech.
You come up to this stage to give a speech.

Here is how.　T1のスピーチメモ（掲示板用）を黒板に掲示する。
　　1．You say,' Hello.'
　　2．Tell your name.
　　3．Tell your dream. I want to be.
　　4．Tell your reason. In Japanese is OK.
　　5．Say, 'Thank you.'

今度はステージの真ん中に立ち、右手で一つずつ番号を示しながら、手順をもう一度説明する。

Once again, I show you how.
　　(1．)You say,' Hello.'
　　(2．)Tell your name.
　　(3．)Tell your dream. I want to be.
　　(4．)Tell your reason. In Japanese is OK.
　　(5．)Say, 'Thank you.'

And you clap your hands to the speaker.

✋この時番号は言わず、英文に注目するため、指で示すのみとする。

☝スピーチが終わると、聞き手は必ず拍手する。スピーカーも最後のThank you.を忘れない。

☝スピーチの進め方
生徒全員に当てる場合、時間によります。グループや列ごとに当てていくと３５人学級で２５分もあれば発表が終了します。
第３時の後宿題としてスピーチ原稿が十分出来上がっていたならば、そういった進め方もできます。
そうでない時は、この時点で残りの時間は１０分～１５分なので、挙手したものだけで発表します。

その際も早く進めるため、一人ずつではなく、５人ぐらいのグループにまとめると、早く進みます。

Who wants to be the first speaker?
Who is next?
I need five speakers.
Come up to the stage.
Make a line. 教壇から前のドアに向けて１列に並ばせる。
After the first speaker, sit down.
Wait your turn.

Ready? Go.
スピーチを始める。
☺Hello.
☺☺Hello. 返事をする。
☺My name is （たけし）.
☺I want to be a car racer.

☺I like cars.
☺Thank you.

☺☺拍手。
同様に進めていく。

> ✋この時脇に座って順番を待っている生徒は静かに待つことがルールであることも教える。

Listen to your friend's dream.
Quiet.
Otherwise you go back to your seat.

> ✋袖で注意するときは教師も小声でいいます。もしルールが守れなかったら、自分の席に戻ってもらう。
> ✋スピーカーはスピーチシートを見ずにスピーチできると、英語のリズムが壊れずに、より英語的に言える。

生徒の言った英語の職業が解らなかったり、声が小さくなったりして他の生徒に聞きとりにくいと思われた時には、
Vet! In Japanese?　☺獣医さん。

> スピーチをした生徒に問いかけ日本語で答えさせる。
> ✋In Japanese?　と授業中何度も聞いてきたので、生徒はこのような問いかけをしてもすぐに応じられるようになる。

スピーチが終了したら、コメントを述べて、最後の挨拶をする。

I was very happy to know your dreams.
It was very wonderful.
You did a great job!　拍手!!

授業を終了する。

[番外編]

『英語ノート』に掲示されているのでは不十分なので、実際子どもたちに聞いたなりたい職業名を列記しました。ぜひ参考にして下さい。また以下にない場合は最後のページにも掲載しましたが、インターネットの yahoo の辞書機能を利用します。発音についても www.dictionary.com などで調べることも可能です。ぜひ発音を含めて指導してほしいと思います。

美容師 beautician	ウェイター waiter
理容師 barber	ウェイトレス waitress
大学教授 professor	木のデザイナー wood designer
デザイナー designer	建築家 architecture
作家 writer	博物館の学芸員 curator
編集者 editor	鉄道に関する仕事 railroad worker
音楽家 musician	公務員 public worker
政治家 politician	会社の社長 president
タレント TV star	通訳 interpreter
事務職員 office worker	ガイド guide
店員 shop clerk	パティシエ patissier (仏)
ビジネスマン businessman	ゲームプログラマー game programmer
タクシー運転手 taxi driver	

初級　L9　ランチメニューを作ろう　単元構想

	第1回	第2回	第3回	第4回
Target	クラスルールの設定 私たちの朝食、世界の朝食	私の欲しい料理	ランチ作り	オリジナル・ランチセット作り
Warm-up	Who's wearing green?	Who's wearing green?	Who's wearing green?	Who's wearing green?
	英会話体操：Thank you	英会話体操：Thank you	英会話体操：Thank you	英会話体操：Thank you
Main Activity	♪Hello, how are you? 英語ノート： ・担任の先生の朝食 ♪じゃなくてチャンツ #Keyword Game 単語のみ	英語ノート： What would you like? I'd like ～. ♪じゃなくてチャンツ #Missing Game #Card Game (What would you like?) (I'd like) ～.	英語ノート： What would you like? I'd like ～. ♪じゃなくてチャンツ #Message game I'd like ～.	英語ノート： What would you like? I'd like ～. #Shopping Game What would you like?
HRT	振り返り： ①授業態度 ②英語ノート	振り返り： ①授業態度 ②英語ノート	振り返り： ①授業態度 ②英語ノート	振り返り： ①授業態度 ②英語ノート
Cool down	♪Good bye	♪Good bye	♪Good bye	♪Good bye

初級　L9　ランチメニューを作ろう　第1時

No.1

分	学習活動 T1（ALT）と児童	学習活動 T2（担任） ☆:日本語	留意点 ●国際理解 ◎言語 ◆コミュニケーション	教材
5	○はじめのあいさつ 　日直挨拶 　いつも通り日本語で挨拶する。 【クラスルール設定】 ○1,2,3.Stand up.Sit down. ♪Hello,how are you? 歌える子だけ歌う。 　Youを強調し、理解を促す。 　Nice to meet you.よろしくの挨拶	○授業はじめの号令 英語)をかける。 ○生徒が着席後、T1を呼ぶ。 　Ms.ミズ Matsuda. ○活動を見守る。 　無理強いしない ○拍手・声かけで積極的参加を促す	●日直 Today's leader ●先生に対する敬称に注意する 　Mr／Msで呼びあう。 　先生同士・生徒⇒先生 ◎♪歌を無理に歌わせない ●挨拶の違い 　①握手 左手は失礼 　②アイコンタクト＋スマイル 　自分が敵でないことを表現する。 ◆誉め言葉 Super!Good job!	CD
15	♪Who's wearing green? 　CD 歌の1番 Green⇒緑の服 ※light green,dark greenどんな緑もOK 　気付いた生徒に緑のスタンプを押す 　CD 歌の2番：白の服⇒ほぼ全員 ※どんなに小さな白もOK 　×名札・上靴 みんな同じだから× ○前に2列並び、スタンプをもらう 　Thank you.を忘れずに言う	○無理に緑の服を探さない ○白色が探せない生徒を支援して下さい 　全員にスタンプがあげれるよう、白を 　探せない生徒を支援する ○スタンプを手分けして押す	◆wear=身につける 　髪飾りもOK、下着もOK。 ◆一対一のコミュニケーションの時間を 　大切にする。初めの信頼関係作りを 　大切にする。 ●Thank youが言える国際人を育成する。	色紙 スタンプ 2種類 スタンプ パッド
15	○Breakfast,lunch,dinnerを導入 ○T2に朝食を聞く 　T1 What do you have for breakfast? 　T2:Miso soup and natto.（適当に2～3品目答える） 　Bread,salad,milk,miso soup,rice,fruits ○自分の朝食 　人気の朝食調べ Best breakfast Ranking 　世界のナベアツ調に数字を一緒に数える。 【数を数える練習】ゆっくり丁寧に数える ○じゃなくてチャンツ Sound Check 　パンじゃなくてBread！Bread！	○デモをする ○数字を一緒に大きな声で数える ○楽しく数を数えるため、3の倍数と3のつく 　数ではふざけて言ってもよいという 　雰囲気をつくる ○リズムに合わせデモをする ☞パンじゃなくてbread！Bread！ 　日本語の部分を言う	◎パン bread　ご飯 rice 　みそスープ miso soup ◎新しい語彙について音をしっかり 　聞かせる 　自分と友達の朝食の違いを知る ◎まず聞く→発音してみる ※T1の音と重ならないよう注意する ●カタカナ英語と日本語の違いを気付かせ 　英語との違いを明確に発音させる	メニューカード 鈴
5	○Key word Game 　ペア活動：机の中央に消しゴムを置く 　キーワードを決め、そのキーワードが 　聞こえたらすばやく消しゴムをとる。 　リズム Natto,Natto × × 　Bread,salad,milk,miso soup,rice,fruits 　どんどんキーワードを変えていく	○活動に遅れのある生徒を支援する ○ルールを守ってゲームをするよう見守る ○前に来て、アクセントの位置で手を叩く ※1回目のNatto→T1の発音をよく聞く 　2回目のNatto→生徒が言う	◎語彙の聞き取りと理解 　語彙数の多い単元なので 　ここではこの語彙に絞って学習。 ※『聞いてから言う』の型に慣れる。 ○モデルの音をかき消されることなく、 　全員に聞かせことが大切。 　耳を育てる	メニューカード
2	○おわりの挨拶 　日直 Good bye,Ms.Matsuda 　T1:Good bye,everyone. 　生徒全員：Good bye,Ms.Matsuda.	☆振り返り 　『楽しく活動できましたか？』 　『このクラスの朝食はアメリカンだね！』 ○最後の挨拶の号令をかける。 　生徒に英語でするよう声かける。	○担任の言葉が次の授業への 　児童の意欲につながる。 　この時間への担任の肯定的な 　評価を表現する。 ●挨拶の後に、名前を言う。	

初級 19 ランチメニューを作ろう 第2時

No.2

分	学習活動		留意点 ●国際理解 ◎言語 ◆コミュニケーション	教材
	T1（ALT）と児童	T2 担任) ☆：日本語		
	○準備：カードを貼る。	○CDの準備	○準備が整ってから始める。	
1	○始まりの挨拶 日直 Stand up. 　　Good morning, Ms Matsuda. T1　Good morning, everyone.	Today's leader! 着席後 Ms.ミズ Matsuda！	●欧米での学校での挨拶 ①お辞儀をしない。 ②立たない。 ◎日本語で答えるときの合言葉 　In Japanese 日本語で言ってね）	
15	♪英会話体操Hi-Bye：Thank you 絵カードを紙芝居調に見せ、CDを聞く ★今日の表現 　This is for you : Oh, really? T1：This is for you. プレゼントを渡 T2：Oh, really? ○Activity あげていいもの3つを選ぶ ①隣同士　②前後 ♪CDを聞く 今日の会話表現の会話のみ歌う 残りは歌わない	○CDの操作 頭出し・音量調節） ○デモをする。 ①今月のSticker　②英語の辞書 ③paboか羞恥心の写真 大きなリアクションで表現する 正解：これあげるね！　えっほんと？ ※意味はだいたいあってたらよいとします。 ○前に来て生徒のモデルになり、 歌に合わせジェスチャーする。	◎ジェスチャーや絵をヒントに、スキットを 正しく理解させる。 ◎初回なのでまず音を聞くことに 集中させる。	CD Hi bye
15	○朝食メニュー復習 　Bread, salad, milk, miso soup, 　rice, fruits ○ランチメニュー導入 Flipover 　curry and rice, spaghetti 　omelet, orange juice, parfait, hamburger ○注文の表現を導入 T1 What would you like? 何にしましょうか T2：I'd like〜。〜をお願いします。 ○意味を確認する In Japanese 日本語で言ってね） ○じゃなくてチャンツ Sound Check オムレツじゃなくてomelet！Omelet！ I'd like omelet. I'd like omelet.	 ○前にきて、アクセントの位置で手を叩き 生徒のモデルとなる。 ○デモをする。 ※dの音を落とさずに言う アイドゥ ライク ○In Japanese と聞かれたら、生徒に 日本語で言う 『〜をお願いします。』 ※『〜が好きです。』は× ○前で生徒のモデルになり、 アクセントで手を叩く。	 ●カタカナ英語と日本語の違いを気付かせ 英語との違いを明確に発音させる ◎I'd like：口慣らしする程度にする。	朝食 カード メニュー カード コックの 帽子 鈴

初級　L9　ランチメニューを作ろう　第3時

No.3

分	学習活動			留意点	教材
	T1 (ALT)と児童	T2 (担任)　　☆:日本語		● 国際理解 ◉ 言語 ◆ コミュニケーション	
	○準備：カードを貼る。	○CDの準備		○準備が整ってから始める。	
1	○はじめのあいさつ 日直　Stand up. 　　　　Good morning, Ms Matsuda. T1　Good morning, everyone.	◎授業はじめの号令 英語)をかける。 Today's leader! 着席後 Ms.ミズ Matsuda!		◉ 日本語で答えるときの合言葉 　In Japanese 日本語で言ってね)	
15	♪英会話体操Hi-Bye：What? 会話を確認し、CDに合わせ ジェスチャーをつけ歌う。 ★今日の会話表現： This is for you.Thank you. You're welcome. 日本語確認。In Japanese. ①プレゼント箱渡し 全員立つ→箱を渡したら座る ②0点テスト T2から生徒へ 悲しそうに言う ♪CD 歌をよく聞く 座ってジェスチャー) CD ジェスチャーをつけ歌えるところ歌う。	○CDの操作 頭出し・音量調節) ○前にきて、歌に合わせジェスチャーを見せ 　生徒のモデルとなる。 ○0点テストを渡す。 　悲しそうにして渡す。		◉ 歌は必ず最後まで聞く ◆ もらって嬉しいものと悲しい 　ものと気持ちをこめて表現する ◉ 今日の表現のみジェスチャーを 　つけ歌い、あとはジェスチャー 　だけで歌に集中させる。	Hi bye CD チョコや アイスの 小箱 0点テスト
	○メニュー紹介 レストラン設定：カービーレストラン Review ①朝食メニュー　②ランチメニュー				看板 レストラン カード メニュー

初級　L9　ランチメニューを作ろう　第4時

No.4

分	学習活動　T1（ALT）と児童	T2（担任）　☆:日本語	留意点　●国際理解◎言語◆コミュニケーション	教材
	○CDの準備	○準備が整ってから始める。	○準備が整ってから始める。	
1	○はじめのあいさつ 日直 Stand up. Good morning, Ms Matsuda. T1　Good morning, everyone.	◎授業はじめの号令（英語）をかける。 Today's leader! 着席後 Ms.ミズ Matsuda!	●日本語で答えるときの合言葉 In Japanese 日本語で言ってね	
10	♪英会話体操Hi-Bye：This is for you. ○Gesture Dance Show 発表会式にして歌う。 各会話ごとにジェスチャーを募集する。 CD 歌に合わせジェスチャーを発表する。 残りの生徒=観客 手拍子をする。 ♪CD みんな立って歌う 最後]	○CDの操作（頭出し・音量調節） ○楽しい雰囲気になるよう、前で歌に合わせ手拍子を取る。 ○最後なので元気よく歌えるよう支援する。	●パーティや歌など楽しむ会では積極的に参加する。	CD Hibye
	○レストラン設定：カービーレストラン 朝食メニュー+ランチメニュー⇒8枚	○前にきて、アクセントの位置で手を叩き生徒のモデルとなる。	●語彙の繰り返しでは体を使って英語のリズムを覚える	メニューカード
	curry and rice, spaghetti omelet, orange juice, parfait, hamburger	Bread, salad, milk, miso soup, rice, fruits		
5	○カービーレストラン T1:What would you like? T2:I'd like 〜. In Japanese 意味を再確認	何がいいでしょうか？ 〜がほしいのですが ◎In Japanese!!日本語でサポートする。 ◎：I'd like 〜。　〜をお願いします。 ×：I like 〜。　好きです。	●日本語の意味をしっかり押さえる。 ●I'dのdの音が落ちることがあるが、発音については完璧を求めず、あまり矯正はしない。	メニューカード 看板
7	○Shopping game part 1 2人組（店主:客）になり、お店ごっこをする。 S1:What would you like?　　S2: I'd like 〜. カードがなくなったら S1+S2: Finish!!　→座る Change your roles 交替する ○check time 活動を確認する	 手順に沿って正しくできるよう支援する。		メニューカード
20	○Shopping Game part 2 デモ：生徒3人の店に行って頼む お客→お札 8枚 お店→SOUD OUTカード S1:What would you like? お金とメニューカードを交換する ルール：一つの店から一つの注文しかできない ○交替 メニューカード⇒相手に譲る。 お金⇒ 8枚にしてスタート 2回目：スタートする際メニューカードの数や種類は無視する。 8枚メニューが揃うとスタンプ 店 sold outするとスタンプ	 T1:I'd like 〜. In Japanese と言われたらルールを日本語で伝え、確認する。 ○何も言わずカードの交換にならないよう見守る。 パフェが多ければ『パフェ！パフェ！』とownerは呼び込みをするよう支援する。 ○スタンプを手分けして押す。	◆I'd like〜.と言える方が望ましいが自分の注文したカードをもらってくることを重視する ○Exchange money for a menue card. 交換する。※Changeとは違う No Japanese 日本語はだめ	札 SOLD OUT カード
1	○終わりのあいさつ Good bye, everyone. Thank you, Ms. Matusda.	☆『英語活動楽しかったね。』『英語が解らないところがあったけど一生懸命聞こうとするが大切なんだよ。』程度の振り返りがあると助かります。		

『英語ノート』　初級　Lesson 9
❀ランチメニューを作ろう❀　　第1時

凡例　　☺☺・・・生徒の発話　　✋・・・注意すること
　　　　　カタカナ表記になっているところは日本語でもよいところ
　　　　T1：ALT　T2: 学級担任

❀使用する教材
以下の絵カード
rice
milk
miso soup
bread

fruitssalad

・今日のタイトルカード
Game/Game

◆ステージ　1　単語　聞く　+　理解する

・このステージでは、基本となるメニュー単語を中心に、意味の理解をはかる。

Look. 黒板に直線を描く
その上に小さな円を3つ描く（⇒時計を表わす）

What's this?　It is a circle.
　1つめに数字の7、2つめに数字の12、3つめに数字の6を書き入れる。
What's this?　It is a clock.

大きな長方形を描く（⇒テーブルマットを表わす）
What's this?
Look!
In the morning, I wake up,　I am very hungry.　I eat・・・.
（朝起きる。お腹が減る。何かを食べるジェスチャーをしてみせる。）

What is this?
黒板のテーブルマットを指す。
☺☺ブレックファースト！

At the noon, I am very hungry again.　I eat・・・・.
（時計を指差し、お腹が減るというジェスチャーをする。）
What is this?
黒板のテーブルマットを指す。
☺☺ランチ！

In the evening, I am very hungry again.　I eat・・・・.
（時計を指差し、お腹が減るというジェスチャーをする。）
What is this?
黒板のテーブルマットを指す。
☺☺ディナー！

That's right.
Let's check the words again.　語彙の確認をする。
Breakfast. ☺☺Breakfast！　アクセントの位置で手を叩きながら言う。
Lunch.　　☺☺Lunch!
Dinner.　　☺☺Dinner!

Now let's ask your teacher about his/her breakfast.

Mr. / Ms. 担任!
ここで担任の先生に登場。

ALT :　　What do you have for breakfast?
担任:　 I have・・・ bread, fruits and coffee.

ALT: OK. You have bread, fruits and coffee.

繰り返して言うことで、生徒にもう一度語彙を聞かせる。

Let me see. Mr. /Ms. 担任.　Is this bread?
（例えば、ご飯の絵カードを見せる）
手元のカードの中から主食となるもので、正解のBread以外のカードを提示する。
担任：　No!
ALT:　Is this bread?　（　納豆の絵カードを見せる）
担任：　No!
ALT:　Is this bread?　（　パンの絵カードを見せる）
担任：　Yes !

黒板の朝食のテーブルマットの上に置く。

ALT:　You said you eat bread, fruits, and coffee.
　　　　Is this fruits?
（例えば、オムレツのカードを見せる）
担任：　No!
ALT:　Is this fruits?　（ヨーグルトの絵カードを見せる）
担任：　No!

ALT:　Is this fruits?　（フルーツの絵カードを見せる）
担任：　Yes!

ALT:　Is this coffee？　（例えば、オレンジジュースの絵カードを見せる）
担任：　No!
ALT：　Is this coffee?　（ミルクの絵カードを見せる）
担任：　No!
ALT:　Is this coffee?　（味噌汁の絵カードを見せる）
担任：　No!
ALT: No more cards!　No coffee.
　　　I will draw coffee.　Is this OK?
担任：　OK.

これで担任の先生の朝食を確認したことになる。

> ✋この単元での語彙数はとても多い。第１時にはより身近な語彙を中心に選ぶと良いようだ。

◆国際理解の観点から、Breakfast 朝食を導入するとき

We talk about our breakfast today. Do you know breakfast?
I show you three breakfasts in some countries.　写真を黒板に貼る。
カードの絵を中身を確認する。

87

What is this? Milk, fruit, cereal,
orange juice, yogurt, bread.
Rice, natto, miso soup and an (rolled) omelet.　→日本の朝食とわかったら
どこの国か当てる。ヒントを出す。
This is France「青・白・赤」, America and Japan.

◆担任が朝食の絵を描き、Breakfast 朝食を導入するとき

Now I ask you your breakfast .
担任　登場　朝起きるジェスチャーをして、朝ごはんを表現 (絵を描いてもらう。)

担任：I have miso soup, and rice.

Let's make best breakfast ranking in this classroom.
１から６までの数字を黒板に書き、ランキングを調べることを理解させる。

Now this time we check our breakfast.
Let's make the best ranking in this class.

ベストランキングのカードを提示する
黒板に絵カードを並べる。

Who has miso soup for breakfast ?　　Raise your hand.
人気の朝食を調べる　まずは手をあげる。

Let's count how many.
1度目は普通に英語で数えていく。

I need a helper to count the number.
Anyone?
英語で数を数えられる生徒に数えてもらう。
数が多くなった際にはALTが中心になって世界のナベアツ調に数える。
※ナベアツ調⇒3と3のつく倍数になったら、変な声で数える

> ✋数を数えるという単純な活動になるので、楽しくできるように担任に盛り上げてもらうとよい。ベストランキングを作ることでお互いの朝食を知るといったコミュニケーション活動ができる。以上の活動をしながら、まずは新出単語を聞き慣れるということが大切である。

担任： 指で数字を立てて一緒に数えてもらう。
ゆっくり世界のナベアツ調になって数える。

Find out what is the most popular breakfast.
How about 'rice'?

その他：milk, fruits, salad, bread, miso soup ,

> ✋1日目のカードの導入では6枚が適当。余裕があればyogurt, nattoを含めてもよい。

ベストランキングの発表をする。
The best breakfast ranking in this class is 'bread'.

◆ステージ　2　　　単語　　聞く　　+　　言う

・このステージでは、単語を何度も聞かせながら、慣れ親しませ、リズムをつけて言う。しかし、充分に言えていなくて強要はしない。

発音をチェックする。
Let me ask your teacher. Mr. / Ms. 担任.
担任登場

What's this? サラダ？　No, no. That is a salad!!
This is the time for a sound check.
Let's do じゃなくて　チャンツ．

> 🖐ここで「バナナじゃなくて Banana チャンツ」を使って、チャンツを担任と二人でする。担任を登場させることで、①担任との信頼関係を作る、
> ②授業へ集中させるといった効果がある。

I take an English part. You take a Japanese part.
リズムに合わせて言っていく。

『(カタカナ) じゃなくて、(英語)，(英語)．』

☐ ミルク
☐ フルーツ
☐ ライス

☐ パン
☐ サラダ
☐ みそスープ

Let's check the words. Say it and clap your hands.
担任が前に来て、生徒のモデルとなり、アクセントのある位置で手を叩く。

その他：milk, fruit, orange juice, yogurt, bread, rice,

> ✋この際担任とのリズムがかみ合わなかったとしても、とりあえず一連のショーとして、単語を聞き、繰り返させる目的で2回このチャンツをやってみせる。

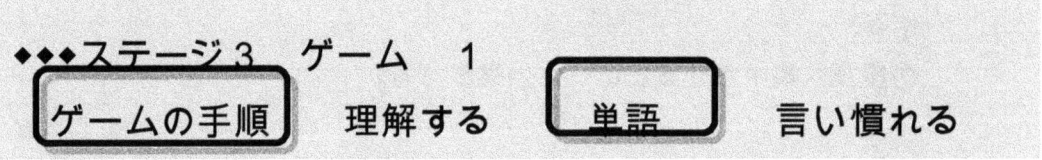

- このステージではゲームの手順を理解するとともに、導入された単語を何度も聞きながら、正しく言えるよう繰り返しをする。

Let's play a game.

This is Key word game.　　Key word game.

ゲームの名前を意識させる。生徒が『キーワードゲーム？』と気づくのを待つ。

> ✋間が大切。この段階で今からするゲームが何か全員の心に確認させる。

I choose a key word .
Our key word is 'Bread.'

I need one helper this time.　前列真ん中の一人を指名し、
Stand up, please.　机を前に出し、机の横に座らせる。
Sit down.

Now I need an eraser.
Do you have erasers?　ジェスチャーで、消しゴムがあるか？と尋ねる。
できれば、ほかの生徒を巻き込むため後ろのほうから消しゴムを貸してもらう。
(クラス全体を巻き込む)

I put this eraser in the center of you and me.
机をあわせたど真ん中に消しゴムを置く。

Now look at the blackboard.
カードの端から先ほどのチャンツの要領ですることを意識させる。
I say fruits, fruits, clap, clap,.

Bread, bread, clap, clap. みんなが手を叩くように促す。
Salad. On the key word you don't say it. You take the eraser quickly.

　キーワードの singer では手を叩かず、繰り返さず、すばやく消しゴムを取り、
I got it.（とったよ。）ということをジェスチャーを交えて伝える。

✋この時点ではわからなくてもよいので、集中して聞くと言うことが大切。
ゲームの手順を推察させる。2回説明することで、理解不足を補う。

デモ：2回目
Fruits. ☺☺Fruits!!　Clap, clap.
Bread．☺☺Bread!! Clap, clap.
Salad．　☺☺Salad!! Clap, clap.
先ほど3回目でキーワードを言ったので,ここでは油断させる。
Rice．生徒が消しゴムを取る。
☺☺I got it.!!

◆◆◆◆ステージ4
　　ゲーム　2　単語　　　慣れ親しむ

・このステージではゲームを通して、単語に慣れ親しみながら、活動を楽しむ。

Now it is your time.

Everybody, put your desks together.
机をあわせるジェスチャーを全員に向けてする
消しゴムを真ん中に置くように机間巡視する。
だいたい準備ができたところで
Are you ready?　クラス全体にメロディーに乗せ、問いかける。

> 🖐歌で注意をすると、あっという間に静かになる。

Yes, I'm ready.　先生は準備はいいよ。の意味を込めてジェスチャーする。
Yes, we are ready.　僕たち全員、できたよね。の意味を込めてジェスチャーする。
1,2.　メロディーにあわせて、全員声を合わせて言わせることで
集中させる。☺☺Yes, we are ready！

Everybody, put your hands on your head.　手は頭の上の体勢になる。
Here we go with this rhythm.

カードを指差し、今まで繰り返していたリズムを壊さずに進む。

Fruits．　☺☺Fruits！！　手拍子2回。
Bread．　☺☺Bread！　手拍子2回　はじめは語順を変えずにいく。
Orange juice．　☺☺Orange Juice！　手拍子　2回

このリズムでわざとカードをほとんど最後まで一気に繰り返しをさせる。

Rice.　☺☺Rice！　手拍子　2回
Milk.　☺☺Milk!！

勝負が決まったらここで　I got it.を確認し、消しゴムを実際取った生徒に聞き、I got it.を理解させ、一度言わせて語彙が増えるのでしておくとよい。

今度は反対から同様にリズムに乗ってゲームを進める。

最後授業の3分くらい前には終了体勢に入る。
Now the next is the last time.　と告知する

最後の勝負が付いたら、注目させる。
Let's count your points.　数を数えるジェスチャーをする。

How many points did you get?
One point? Raise your hand.　手を上げさせる。
Two points?
Did you get three points?　単語で聞くことに慣れたら、文で問う。

Today's class champion is　～。
Give her/him a big hand.　拍手を促す。

最後に時間があれば、もう一度カードを発音するとよい。

Time is over.
Let's do the ending greeting.

Who is today's leader?
日直さん：Stand up.
　　　　　Good bye, Ms. Matsuda.
T1(Matsuda): Good bye, everyone.

『英語ノート』　初級　Lesson 9
✲ランチメニューを作ろう✲　　第２時

※使用教材
　第１限目に使用した絵カード　６枚
　ランチメニューの単語の絵　６枚

Omelet, spaghetti, orange juice, curry and rice, parfait, hamburger
予備カードとして
Sushi, sandwiches, pizza, cheese
・今日の予定カード
game/game

◆ステージ　1　　　単語　　聞く　+　理解する

・このステージでは前時に学習した単語を復習する。

この単元ではメニューに関する語彙数は24個ある。新出単語の適当な導入数は1回につき5～6個と言われていることから考えると、すべて一度に教えようとするのには無理がある。たとえ6個導入するにも語彙を次の2種類に分け、生徒に負担なく覚えられるように工夫する必要がある。

例：①カタカナとしてより身近な語彙を選ぶ⇒
　　　　　　　　生徒はアクセントの位置を覚えるのみ

　　②のこりの半分の語彙を導入　⇒
　　　　　　英語の発音とアクセント覚えなければならない

第1時に導入した朝食メニューカードを6枚黒板に並べる

Let's check the words.
Fruits, bread, milk, rice, salad, miso soup
アクセントの位置で手を叩きながら、言うことが大切。

Now I show you a lunch menu.
You tell me what it is.

3, 2, 1.
What is this?　Raise your hand.
☺☺Hamburger,
That's right. It is a hamburger.

> 1枚ずつカードを Flip-over ひっくり返して見せ、単語を紹介していく。
> 　語順→omelet, spaghetti, curry and rice, orange juice, parfait

すべて導入し終わったら、もう一度単語を確認するため、一通り発音する。

◆ステージ　2　　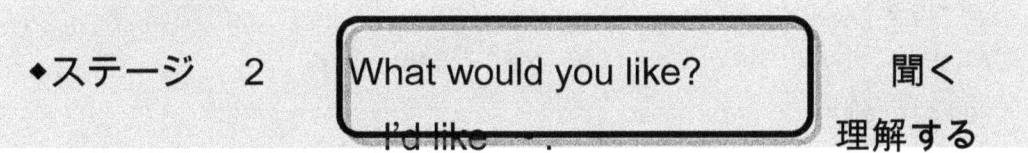　　聞く
　　　　　　　　　I'd like　　.　　　　　理解する

・このステージではメインセンテンスの理解を目的とする。

カービーレストランの看板を見せる。
This is Kirby restaurant.　ここはカービーレストラン

I am a restaurant owner.
I need a customer.

Mr. / Ms. 担任　担任登場

Here is the door.　　Automatic door.
Make a sound!　ドアの音をみんなで出す。
担任がドアを開けて、店に入ってくる。

ALT:　What would you like?
リズムをつけて言い、メニューを指し示す。
担任：　I'd like a hamburger.

黒板のメニューからハンバーガーの絵カードをとって渡す。
ALT:　Here you are.　どうぞ
担任：　Thank you.　ありがとう

Let me ask you.
What do you say 'What would you like?' in Japanese?
You can tell me in Japanese.

☜この時　In Japanese.　『日本語で言ってね。』ということがわからない
　ようであれば、担任が日本語で生徒に『日本語で言っていいんだよ。』と
　生徒に言う。

☺何にしますか？

OK.
What do you say 'I'd like a hamburger.' in Japanese?
You can tell me in Japanese.

☺ハンバーガーお願いします。

> ♨この時、『ハンバーガーが好きです』は I like hamburgers。と混乱するので、正しいとはせず、軽く『Thant's really close.おしい！』と受ける程度にする。担任は日本語で『お店の人に注文するとき、どういうかな？』と質問を投げかけたり、また、あまり正解が出ないようでは『ハンバーガーお願いしますということだね』とさりげなく正解を言うようにする。

ここの和訳の部分に生徒も先生もあまりこだわらないことが重要である。

◆ステージ 2　　　I'd like ～ .　　聞く + 繰り返す

・このステージでは、ターゲット文を何度も聞かせながら、慣れ親しませ、リズムをつけて言う。しかし、充分に言えていなくて強要はしない。

Let's say it together.
What would you like?　3回繰り返す。
I'd like、I'd　like、I'd like a hamburger.
I'd like、I'd　like、I'd like a spaghetti.

🖐充分に言えていないようであっても、無理に言わせず次の活動を通して言えるようにすることを目的とする。

◆ステージ　3
ゲーム 1
　　ゲームの手順　理解する　　I'd like　～

　　　　　　　　　　　　　　　　　　　言い慣れる

・このステージではゲームの手順を理解し、活動を通してターゲット文に慣れ親しむ。

Now let's play a card game, Karuta.
Make pairs. Put your desks together.

🖐はじめのペアにカードを渡すとき、
　　Here you are.　☺☺Thank you.の言葉を待つ。
　　言うまでカードは渡さない。
　　言えたらカードを渡し、机に広げるようジェスチャーする。
　　Spread the cards.
　T2 の先生にカードを配るのを手伝ってもらう。
　　Here you are.　　Thank you.のルールを守る。

🖐カードは予備カードも含めて 16 枚を渡す。

予備カードとして入れたのは sushi、sandwiches、pizza、cheese の 4枚。
　カルタをしながら、導入する。

だいたい準備ができたところで
Are you ready?　クラス全体にメロディーに乗せ問いかける。
Yes, I'm ready.　先生は準備はいいよ。の意味を込めてジェスチャーする。
Yes, we are ready.　僕たち全員、できたよね。の意味を込めてジェスチャーする。
1,2. 合図の後、メロディーにあわせて、全員声を合わせて言わせることで集中させる。
☺☺Yes, we are ready !

> ☝歌で注意をすると、あっという間に静かになる。

Put your hands on your head.　両手を頭の上に置く。
Ready?
　　What would you like?
　　　☺☺what would you like?
　　I'd like、I'd　like、I'd like a spaghetti.
　　What would you like?
　　　☺☺what would you like?
　　I'd like、I'd　like、I'd like an omelet.

上記のリズムでカルタ取りを行う。

最後授業の３分くらい前には終了体勢に入る。
Now next is the last time.　と告知する

最後の勝負が付いたら、注目させる。
Let's count your points.　数を数えるジェスチャーをする。

How many points did you get?
One point? Raise your hand.　手を上げさせる。
Two points?
Did you get three points?　単語で聞くことに慣れたら、文で問う。

Today's class champion is ～。
Give her/him a big hand.　拍手を促す。

最後に時間があれば、もう一度カードを発音するとよい。

Time is over.
Let's do the ending greeting.

Who is today's leader?
日直さん：Stand up.
　　　　　Good bye, Ms. Matsuda.
T1(Matsuda): Good bye, everyone.

『英語ノート』　初級　Lesson 9
✠ランチメニュー作ろう✠　　第３時

使用教材	
朝食メニューカード	６枚
ランチメニューカード	６枚
予備カード	４枚

・今日の予定カード
　　game/game

◆ステージ　1　　　　　　+理解する

・このステージでは前時の復習をする。ターゲット文の意味を確認する。

黒板にメニューカードを朝食・ランチにわけて貼る。

ランチメニューの復習をする。
Let's check the lunch menu words.
アクセントの位置で手を叩きながら、一通り単語を繰り返す。

朝食メニューの復習をする。
This time check the breakfast menu words.

カービーレストランの看板を見せる。
This is Kirby restaurant .ここはカービーレストラン
This is a family restaurant.

ALT:　What would you like? リズムを思い出させる。
　I'd like、I'd like , I'd like a hamburger.
Let me ask you.
What do you say 'What would you like?' in Japanese?

You can tell me in Japanese.
☺何にしますか？

OK.
What do you say 'I'd like a hamburger.' in Japanese?
You can tell me in Japanese.
☺ハンバーガーお願いします。

◆ステージ　2　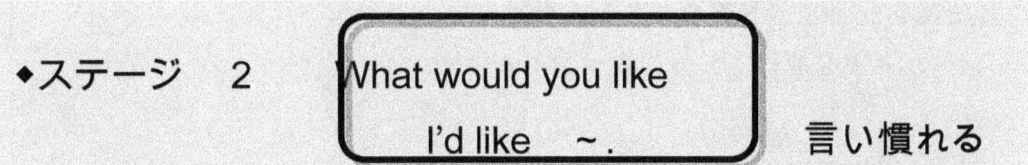　言い慣れる

・このステージでは生徒からモデルを募り、モデルの活動を通してターゲット文を丁寧にゆっくり言い慣れるようにする。

Now　I am a restaurant owner.
This time I need a family.
In the family there are a father, a mother and a baby.

Who wants to be a father? Raise your hand.
☺Father!

Who wants to be a mother? Raise your hand.
☺Mother!

Who wants to be a baby? Raise your hand.

☺Baby!

> ✋英語がよく分かっている生徒のやる気を認めることや、クラスのムードメーカーにモデルを務めてもらうことにより、他の生徒に意欲を与えるよい活動となる。特に Baby 役は笑いのある楽しい活動にするため人選に注意する。

Here is the door.　Automatic door.
Make a sound!　ドアの音をみんなで出す。
担任がドアを開けて、店に入ってくる。

ALT：　What would you like?
リズムをつけて言い、メニューを指し示す。
Father：　I'd like a hamburger.

黒板のメニューからハンバーガーの絵カードをとって渡す。
ALT：　Here you are.　どうぞ
Father：　Thank you.　ありがとう

続いて Mother, baby から注文を英語で聞く。

・このステージではターゲット文を使って、自分の注文が正しくできる程度に言い慣れることが大切である。

Let's play Order message game.　Order message game.
I need two helpers.
Anyone?

生徒二人に黒板の前に来てもらい、真ん中の教卓からろかに向かって１列に並ぶ。

Look.
I have mini menu cards here.
黒板に掲示してあるメニューカードを同じであることを確認させる。
I spread cards on the desk.　机の上にメニューカードを広げる。

Make one line.　生徒を１列に並ばせる。
I tell an order message.
You take an order.　Show the menu.

Ring, ring.　電話がかかって来た振りをする。
電話をするジェスチャーをする。
生徒に耳打ちする。

I'd like an orange juice.

耳打ちされた生徒は次の生徒に同じように、耳打ちする。
最後の生徒は伝わって来たメニューを選び見せる。

Thank you for your help.
Give them a big hand.　拍手する。
Please go back to your seats.

Now this is your time.
Let's make groups.　グループ分けを行う。
This line is Group no. 1.
This line is Group no. 2.
　　　　・
　　　　・
　　　　・
This line is Group no. 6.

This first row, you take an order. You show the menu.　OK.

Last row, stand up.
You go out.　一番後ろに列の生徒を廊下の外に出す。

ALT:　ミニメニューカードを1セット持って廊下に出る。
廊下に出た生徒に、メニューカード1枚を見せ、I'd like～．と
正しく言えているかチェックする。

> ここで一人一人、細かな発音チェックができる。

　　I'd like の D の音が落ちていないかどうか、または、メニューカードの単語の

アクセントの位置や英語の発音を大幅に外していないか確認する。

教室で待っている生徒たちに担任はゲームのルールの再確認をする。
□　ひそひそ声で前の人に伝える。　②I'dをつけて言う。

廊下で伝言メッセージを覚えた生徒を一斉に教室に戻す。

Ready, set , go.
生徒は前の生徒に Order　message を伝える。

> 公正にするため号令がかかってから、ゲームをスタートさせる。

The first row, stand up and wait.

Let's check the answer.
From this line.　The last row, stand up.
前列の生徒がメッセージを伝えた列の最後の生徒に、確認をとる。

前列の生徒：I'd like a curry and rice. メニューカードを列の最後の人に見せる。
後ろの生徒：That's right.

前列でメニューカードを選んだ生徒が、今度は廊下に出る。空席になったところを後ろの席の生徒がひとつ前にずれて座る。

2回ほどゲームのやり方を理解したら、各列違ったメニューカードを伝言する。

From this time, we race.　得点を競う。
The first, I give you 3 points.　担任が順位を決める。
The second, I give you 2 points.
The third, I give you 1 point.
On the answer check, if you are right, I give you 1 point.

> ✋できれば全員 message　leader を経験できるとよい。

最後は各列得点を数え終了する。

> ✋競争にするのではなく、伝言を正しく伝えるとことを重視するのであれば、もっとルールを簡単にしても良い。

『英語ノート』　初級　Lesson 9
✠ランチメニューを作ろう✠　　第4時

※使用教材
・朝食メニューから　　4枚
　ランチメニューから　4枚

・今日の予定カード

game/game

◆ステージ　1　　　What would you like
　　　　　　　　　I'd like　～.　　　　＋理解する

・このステージでは簡単に今までの復習としてターゲット文を用いながら行う。

今日使う単語を確認する。
Let's check the words.
アクセントの位置で手を叩き、一通り発音する。

ターゲット文の確認。
カービーレストランの看板を見せる。
This is Kirby restaurant .ここはカービーレストラン

ALT:　What would you like?　リズムを思い出させる。
　I'd like a hamburger.

Let me ask you.
What do you say 'What would you like?' in Japanese?
You can tell me in Japanese.
☺何にしますか？

OK.
What do you say 'I'd like a hamburger.' in Japanese?
You can tell me in Japanese.
☺ハンバーガーお願いします。

✋毎時、同じパターンで繰り返し和訳を問うことが大切である。手を挙げる生徒の数で習熟度を測る。

◆ステージ　2
ゲーム１
ゲームの手順　理解する　　I'd like　～

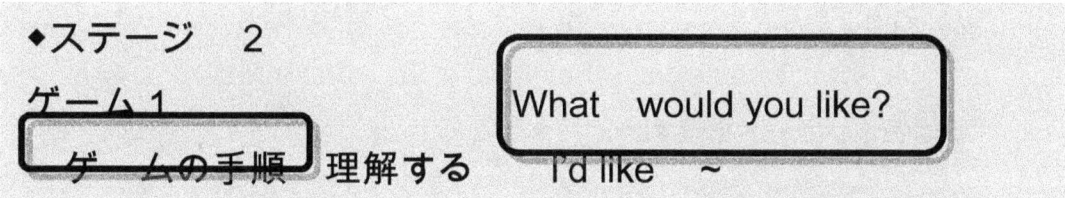

言い慣れる

・このステージではゲームを通して、ターゲット文を用い、自分の英語が伝わっているかを確認する。

Now let's play a shopping game.

デモ：１回目
モデルとなる生徒を選ぶ。
I need two helpers.
You put your desks together.

I put menu cards on the restaurant.
ミニメニューカードを一人の机の上に広げる。⇒お店の人
You are the restaurant owner.

You are the customer.　　　カードのない人⇒お客

I'm Keiko. I am the restaurant owner.
I say, what would you like?

✋立ち位置でお店の人とお客を演じる。

Now I'm Mika.
I say, I'd like milk.

生徒は正しいカードを渡す

Then change rolls.
交替する。

デモ：2回目
生徒にやらせてみる。

✋生徒にやらせてみることで、他の生徒は自分に置き換えて、今からする
　活動をイメージする。

Now this time it is your time. Everybody put your desks together.

I give you menu cards.

カードをもらった生徒がレストランオーナーとしてカードを机の上に広げる。

だいたい準備ができたところで
Are you ready?　クラス全体にメロディーに乗せ、問いかける。

✋歌で注意をすると、あっという間に静かになる。

Yes, I'm ready.　先生は準備はいいよ。の意味を込めてジェスチャーする。
Yes, we are ready.　僕たち全員、できたよね。の意味を込めてジェスチャーする。
1,2.　　メロディーにあわせて、全員声を合わせて言わせることで
集中させる。☺☺Yes, we are ready！

Ready, set, go.　ペア活動。
机間巡視。

Change rolls.
役割を交替する。

◆ステージ　3
ゲーム2

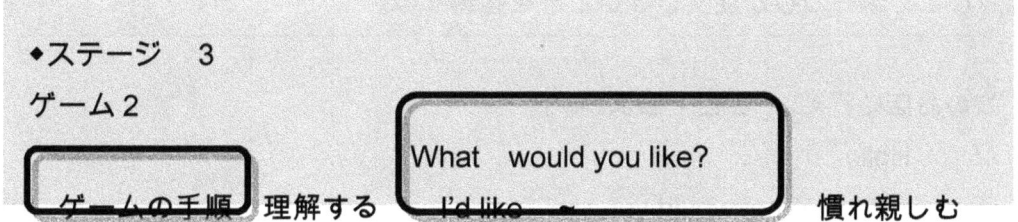

ゲームの手順　理解する　　What　would you like?　　慣れ親しむ
　　　　　　　　　　　　　I'd like ～.

・このステージではゲームの手順を理解し、活動を通してターゲット文に慣れ親しむ。

Let's get this game version up.　　Make it harder, all right?

Look.

The next game is also the shopping game.

But we will use real money.

札たばを見せる。

Here is the rule.

Look.

ひとつのお店に行く。(どこでもよい。)

ALT:　　Hello.

店：　　Hello.　　What would you like?

ALT:　　I'd like cheese.

店：　　Here you are.

ALT:　　Thank you.　　Bye.

> ✋ここでは一つしか注文しないことを強調する。

次のお店に行く。(どこでもよい。)

ALT:　　Hello.

店：　　Hello.　　What would you like?

ALT:　　I'd like bread.

店：　　Here you are.

ALT:　Thank you.　Bye.

> ✋ここでも一つしか注文しないことを強調する。また、先ほどと違うメニューであることを表現する。

もうひとつお店を選ぶ。(どこでもよい。)
ALT:　Hello.
店：　Hello.　What would you like?
ALT:　I'd like milk.
店：　Here you are.
ALT:　Thank you.　Bye.

Look.　(黒板のメニューカードのところまで戻る。)
I have a milk card.
I have a bread card.
I have a cheese card.
ALTは黒板に貼ったメニューカードと手元に集まったカードを比べる。

You get eight different menus.

But don't order only a curry and rice.

> ✋このように注意しても、自分の好きなカードばかりを集めてくる生徒がいるので要注意である。

✋この時ゲームの手順が分かっていないと感じたときには、担任に In Japanese.と合図をし、日本語で簡単にルール説明をしてもらう。

ルール：『一つのお店では、ひとつのメニューしか注文できない。』

ゲームの手順が理解できたところで、1ペアにつきお金を8枚1組にして渡す。

I give you 5 minutes for this game.
Customers!
If you get eight different orders, I give you a special stamp.
お客の人は8つの違ったメニューを集めることができたら、スタンプを押す。

Restaurant owners!
If you sold out all menus, I give you another special stamp.
レストランの人にはメニューを売り切ったときには、別のスタンプを押す。

5分たったらいったん終了し、スタンプをあげる。

注意！！

> 交替する前に、お金とメニューカードがごちゃごちゃになっているので
> 次のルールで再スタートをする。
>
> ☐ お金：近くにいる人と協力して8枚に戻し、次のお客役の人渡す。
>   この際、お金をうまく8枚に戻すことが出来ない人は先生が
>   予備をもっているので、もらいに来る。

☐ メニューカード：
　　　自分のパートナーに渡す。数や種類が合っていなくてもよい。

👉 この時同じメニューばかりのお店屋さんもできるが、それはそれとして、
　お店屋さんが呼びこみするなどして、Sold out するよう努力する。これ
　がハプニングとなって面白い活動となる。

適当な時間を見て、活動を終了する。

先ほど同様、スタンプをあげる。

最後メニューカードをコーラスリーディングして終わる。

初級　L4　自己紹介をしよう　単元構想

第4回	好き嫌いをたずねる	♪Who's wearing green?	♪Hello,hello,what's your name?	#Take your friend.	#Tell to 5.	英語ノート：	簡単な発表	好きなものの言える	♪Good bye

No.1

初級　L4　自己紹介をしよう　第1時

分	学習活動		留意点	教材
	T1（ALT）と児童	T2 担任）　☆:日本語	●国際理解　◎言語　◆コミュニケーション	
5	○Hello.	☞生徒を2列で並ばせ前から入室	※座席は10×3列です。	
	○はじめのあいさつ 　日直挨拶 　いつも通り日本語で挨拶する。 【クラスルール設定】 ○1,2,3.Stand up. Sit down. ♪Hello, how are you? 歌える子だけ歌う。 Youを強調し、理解を促す。	○授業はじめの号令（英語）をかける。 ○生徒が着席後、T1を呼ぶ。 　Ms. ミズ Matsuda. ○活動を見守る。 　無理強いしない	日直:Today's leader ●先生に対する敬称に注意する 　Mr/Ms で呼びあう。 　先生同士・生徒⇒先生 ◎♪歌を無理に歌わせない	CD
5	○自己紹介 　My name is Matsuda. Call me Ms. Matsuda. 　T1: Hello.　　　　T2:Hello. 　T1: What's your name?.　T2:My name is（名 信長、苗字 織田）. 　T1: Nice to meet you, Mr Oda. 　　　　　　　T2:Nice to meet you, Ms. Matsuda 　　　　　　　　　目を見て、握手）	○デモをする。	◆自分の名前を伝えられることを重視 　単元を通して学習。 ●挨拶の違い 　①握手 左手は失礼 　②アイコンタクト＋スマイル 　自分が敵でないことを表現する。	名札
	○生徒数人に名前を聞く 　My name is の部分の後に応える。	○拍手・声かけで積極的参加を促す	◆誉め言葉 Super! Good job!	
5	♪Hello, hello, what's your name? 　自分の名前を大きな声で言う。			CD
15	○英語ノート:I like/don't like の導入 　ドラえもん :I like　どら焼き 　おじゃる丸 :I like puddings、 　ドラえもん :I don't like ねずみ。 ○Tell my secret. 　袋からグッズを出し、好き嫌いのリストを作る。 　黒板に○:I like, ×:I don't like と書く 　好き Choco. 嫌い milk ○Ss 2～3人の好き嫌いを尋ねる ○カタカナ英語の紹介 　milk, chocolate,　strawberries, soccer 　banana, pineapples, swimming, 　orange juice, ice cream,	○前に来て、児童のモデルとして 　アクセントのあるところで手を叩く ○前に来て、児童のモデルとして 　アクセントのあるところで手を叩いて 　発音する。	●ねずみが好きではない。→ 　I don't like mice.が正しいが 　混乱するので、単数のmouseで可。 ●まず聞く。しつこく繰り返しを要求 　しない。自発的な発話を重視。 ●Like Don't likeに集中させるため 　身近なカタカナ英語を中心に学習 ◆他の友達の好き嫌いを知る。 ●英語独特の音とリズムを体感し、 　聞き慣れさせる。	食べ物 カード ドラえもん ハート おもちゃ など
10	♪Who's wearing green? 　CD 歌の1番 Green⇒緑の服 　※ light green, dark greenどんな緑もOK 　　気付いた生徒に緑のスタンプを押す 　CD 歌の2番:白の服⇒ほぼ全員 　※ どんなに小さな白もOK 　×名札・上靴 みんな同じだからx	○無理に緑の服を探さない ○白色が探せない生徒を支援して下さい 　全員にスタンプがあげれるよう、白を 　探せない生徒を支援する	◆wear=身につける 　髪飾りもOK。下着！もOK。 ◆一対一のコミュニケーションの時間を 　大切にする。初めの信頼関係作りを	スタンプ

初級　L4　自己紹介をしよう　第2時

No.2

分	学習活動		留意点	教材
	T1（ALT）と児童	T2 担任）　☆:日本語	● 国際理解 ◎言語 ◆コミュニケーション	
	○ Hello.	☞ 生徒を2列で並ばせ前から入室	※ 座席は10×3列です。	
	○ はじめのあいさつ	◎ 授業はじめの号令（英語）をかける。		
	日直　Stand up.	Today's leader!		
	Good morning, Ms Matsuda.			
	T1 Good morning, everyone.	着席後		
		Ms.ミズ Matsuda!	◎ 日本語で答えるときの合言葉	
5	♪ Hello, hello, what's your name?		In Japanese 日本語で言ってね)	
	自分の名前を大きな声で言う。		◆ 歌のリズムに合わせて自分の	CD
	○ Big Voice Contest		名前が言える	
	○ Tell to 5.		◆ オウム返しに言う挨拶から	
5	Hello 5人に挨拶して着席。		始める	スタンプ
	○ 好き嫌いの語彙の復習			
	rabbit,milk,orange juice,snake, spider	○ 前に来て、児童のモデルとして	◎ 英語独特の音とリズムを体感し、	ハート
	soccer、リズムに乗って手を叩く	アクセントのあるところで手を叩く	聞き慣れさせる。	
	○ 新単語導入　Flip over			
15	○ Key word Game		◎ 語彙の聞き取りと理解	
	ペア活動：机の中央に消しゴムを置く	○ 活動に遅れのある生徒を支援する	語彙数の多い単元なので	
	キーワードを決め、そのキーワードが		ここではこの語彙に絞って学習。	
	聞こえたらすばやく消しゴムをとる。	○ ルールを守ってゲームをするよう見守る	※『聞いてから言う』の型に慣れる。	
			○ モデルの音をかき消されることなく、	
	リズム Banana,Banana ✕ ✕	※ 1回目のBanana→T1の発音をよく聞く	全員に聞かせことが大切。	

初級　L4　自己紹介をしよう　第3時

No.3

分	学習活動		留意点	教材
	T1　ALT)と　児童	T2 担任)　☆:日本語	●国際理解◎言語◆コミュニケーション	
	☞ 生徒を2列で並ばせ前から入室	※座席は10×3列です。		
3	○ はじめの挨拶　GM. ♪ Hello, how are you?	○ Ms.Matsuda. (Go ahead)		CD
5	○ Tell to 5. 5人に挨拶して着席。 ①Hello. ②GM		◆挨拶をすることに慣れる。	

初級　L4　自己紹介をしよう　第4時

No.4

分	学習活動		留意点	教材
	T1　ALT)と児童	T2 担任)　☆:日本語	●国際理解◎言語◆コミュニケーション	
	☞ 生徒を2列で並ばせ前から入室	※座席は10×3列です。		
5	○ Good Morning. ♪ Hello, how are you? ♪ Hello, hello, what's your name?	○ Ms.Matsuda.	◎ 歌のおさらい。元気よく歌う。	CD CD
8	○ Take your friend. 友達どこGame デモ:生徒5人　椅子 2列になる。 各列生徒の名前を選び、書いて隠す。 先頭の人にMy name is～.と伝言する。 最後の人がその名前の人を連れてくる。	※ 男女2列。男女対抗戦 速さを競わない ※ 2回目は後ろからスタートする。	◎ His/Herとは言わず My nameで伝言する。活動重視。 ◆ 友達の名前がわかる。 情報をただしく伝える大切さを学ぶ	紙 マジック
3	○ Tell to 5. ①GM. 5人に挨拶して着席。 ②Hello,名前。		◆ 挨拶の後に友達の名前をつける。 相手を意識し大切にする。	スタンプ
5	○ 語彙の復習 ①I like+単語. ②I don't like+単語。	○ 前に来て、児童のモデルとして アクセントのあるところで手を叩く	◎ 否定語については練習のみ。 発表の素材にはしない。	カード
20	○ Speech 自分の好きなものを発表する。 ①Hello. ②My name is～。 ③I like～。 ④Thank you.	☞ 1班4人なら2班ずつ 1班6人なら班毎に進める。 ○ 順序について消極的な場合、 担任主導で発表順を決めスピーチを 進行させる。	※みんなの前で発表します。 ● 始めと終わりの挨拶を大切にする。 特にスピーチの後、聞き手に Thank you.を忘れない。 ◆ 聞き手の姿勢も養う。 聞き手は最後に拍手で表現する。	
5	♪ Who's wearing green? 色の復習 今日の色　時間があれば黒+黄色 ○ スタンプをもらう。	☞ 自分で色が見つけられない子を支援 ※ シャツのタグに黒、下着にある！？ ○ 2列に並ばせスタンプを押す。	◆ 最後なので全員にスタンプを押せるように支援する。 ◎ 英語が楽しい活動であることを体験させる。	CD スタンプ

第 2 章

授業のコツ

第 1 節

授業の構成方法

■■■流れ：静と動

授業にはメリハリが
必要です。All English の英語活
動では、母語によるものではな
いため、児童の集中はとても失
いやすい状況にあると思います。

No.1		
分	学習活動	
	T1 (ALT)と 児童	T2 担任) ☆:日本語
5	○ はじめのあいさつ 　日直挨拶 　　いつも通り日本語で挨拶する。 　【クラスルール設定】 ○ 1,2,3.Stand up. Sit down. ♪ Hello, how are you? 歌える子だけ歌う。 　Youを強調し、理解を促す。 　Nice to meet you. よろしくの挨拶	○ 授業はじめの号令 英語)をかける。 ○ 生徒が着席後、T1を呼ぶ。 　Ms. ミズ Matsuda. ○ 活動を見守る。 　無理強いしない ○ 拍手 声かけで積極的参加を促す
15	♪ Who's wearing green? 　CD 歌の1番 green⇒緑の服 　※ light green, dark greenどんな緑もOK 　　　　気付いた生徒に緑のスタンプを押す 　CD 歌の2番 :白の服⇒ほぼ全員 　※ どんなに小さな白もOK 　　×名札・上靴 みんな同じだから× ○ 前に2列並び、スタンプをもらう 　Thank you.を忘れずに言う	○ 無理に緑の服を探さない ○ 白色が探せない生徒を支援して下さい 　全員にスタンプがあげれるよう、白を 　探せない生徒を支援する ○ スタンプを手分けして押す
15	○ Breakfast, lunch, dinnerを導入 ○ T2に朝食を聞く 　T1 What do you have for breakfast? 　T2: Miso soup and natto.　適当に2〜3品目答える) 　Bread, salad, milk, miso soup, rice, fruits ○ 自分の朝食 　人気の朝食調べ Best breakfast Ranking 　世界のナベアツ風に数字を一緒に数える。 　【数を数える練習】ゆっくり丁寧に数える ○ じゃなくてチャンツ Sound Check 　パンじゃなくてBread！Bread！	 ○ デモをする ○ 数字を一緒に大きな声で数える ○ 楽しく数を数えるため、3の倍数と3のつく 　数ではふざけて言ってもよいという 　雰囲気をつくる ○ リズムに合わせデモをする ☞ パンじゃなくてbread！Bread！ 　日本語の部分を言う
5	○ Key word Game 　ペア活動：机の中央に消しゴムを置く 　キーワードを決め、そのキーワードが 　聞こえたらすばやく消しゴムをとる。 　リズム Natto, Natto ×　× 　Bread, salad, milk, miso soup, rice, fruits 　どんどんキーワードを変えていく	○ 活動に遅れのある生徒を支援する ○ ルールを守ってゲームをするよう見守る ○ 前に来て、アクセントの位置で手を叩く。 ※ 1回目のNatto→T1の発音をよく聞く 　2回目のNatto→生徒が言う
2	 ○ おわりの挨拶 　日直 Good bye, Ms. Matsuda 　T1:Good bye everyone.	☆ 振り返り 　『楽しく活動できましたか？』 　『このクラスの朝食はアメリカンだね！』 ○ 最後の挨拶の号令をかける。 　生徒に英語でするよう声かける。

授業のはじめは、やはり起立して挨拶をします。欧米では授業の始めや終了はそういったことはありませんが、休み時間とのけじめをはっきりつけさせることで、オール・イングリッシュの環境への心の準備をします。

左の図は中学年に使用した指導案です。グレーになった部分は実際児童が立って活動した部分です。立つ・座るは単純な動作ですが、英語活動のような授業ではリフレッシュになり、良い効果があると考えています。

また、一人で立つと全員で立つということも、うまく使い分けるといいと思います。ゲームや歌のはじめはデモとして数人だけを活動させるということです。また終わりを暗示するため、全員で立って活動を終了させ、子どもに終わりということを意識付けすると次の活動に入りやすくなります。特に、全員で立って歌を歌うということは、クラスとしての一体感も出てきます。単元の最終の時間ではみんなで立って歌を歌うと達成感も倍増します。私がウォーミングアップの時間を使って指導した『英会話体操』では、必ず最後に発表会式にして行い、やりたい子を前で発表させ、「○○君のジェスチャーはおもしろ～い！私もやりたいなあ。」とじらしを入れて、最後に全員で立ってもう一度歌うといったことをします。これを唐突に全員立って歌いなさいとするのでは、特に高学年は強制的に感じて歌いたくない気持ちが前に出ます。まず子どもがやりたくなるようにさせてから、指示を出すというのがポイントです。

そしてもうひとつ重要なことはひとつの授業を構成する活動に流れ、ストーリー性があるということです。低学年ではそれほど気にする要素ではありませんが、高学年ともなれば論理的にものごとを考え始めますので、バラ

エティに富み過ぎカテゴリーを越えて目先が変わりすぎると、負担を感じるのかこれもついてきません。授業のはじめに種をひとつ蒔いて、それぞれの活動を通して育てていくという感じです。今やっている活動がかならず次の活動に繋がっているということが安心感につながるのか子どもたちにとっては大切なようです。

各学年の指導案の一番初めに単元構想を掲載しました。ぜひご覧になりながら、それぞれの活動がどんな技術を使って次に進んでいくのかを見ていただけると思います。そして、このゲームはこの段階なのでここに使われるべきだとか、この段階にはここまで子どもたちの力をのばしておかなければいけないので、その前の活動にはそれに必要な力を育てるこの活動をする必要があるといったふうに自ずと目標が定まってきます。

■■■各項の流れ：縦と横

授業の中の各項には縦と横の流れがあります。
一つの授業にはいろいろな言語学的要素が必要だからです。とくに繰り返しながら、スパイラル的に学習しようとする場合、ひとつの技能にこだわりすぎてはいけません。ひとつの授業　　歌あり、ゲームあり、ＴＰＲあり、語彙の学習を中心としたものがあるということ、そしてそれが「聞く」・「話す」といった両方の技能に触れつつ、目先を変えて活動を進めていくことが子どもたちの興味・関心を引き付ける大きな要素となります。そしてそのひとつひとつの活動が一時間のうちに、あるいは一単元を通して成長していくような授業だと良いのではないかと思います。ですから、私が指導案を組む時には、単元の目標である活動が

何なのかを確認し、その活動の実行のためにどんな力をつけてなければならないのかを探りだし、それを各時間に割り振るといった方法をとります。

■■■個と全体

さきほど授業の流れ：静と動の説明の中で、歌やあいさつを例にお話をしましたように、授業をする上で個と全体を意識して使うことはとても有効なコツです。全体というのは挨拶のように形で使うとひとつのけじめになります。それから、ゲームなどのデモで数人を代表で出し、全体でゲームを行い、ひとつのタスクが終了したらいったん着席し、次に良いサンプルとして何人か立たせ、活動の確認を個で行います。そして、もう一度立って全体で行い、着席するとそれが終了のサインです。このようにひとつのゲームの中に個と全体の流れをうまく使うことはとても効果的なやり方だと思います。

■■■時間の配分

４５分のうち、最初の１５分をウォーミングアップとして使い、残りの３０分を『英語ノート』に使うといったものが大まかな配分です。しかし、実際の学校生活では４５分を４５分で授業をすることが難しい状況もあるのも事実です。その時その時で柔軟に対応できるよう自分の授業プランの中に、ここは簡単にやっていいところとここだけは押さえていくところと２段階ずつに分けて考えておくと、突然そうなったときに戸惑いがありません。災難はいつ何どき起こるかわかりませんので、指導者としてはそういったときにも今日の単元で絶対にするところは何か充分に心得ておく必

要があると思います。もちろんそういった事態は無いにこしたことはないのですが、特にＡＬＴとして授業に入る時は、学級担任のように他で時間を補充できませんので、そこが一番大変なところです。

そして授業が終了に近づいてくると、今日の活動のまとめをする時間を割り出すことも重要です。よく振り返りの時間といわれているものです。学級担任が振り返りをするとその瞬間から児童も先生も日本語で考えることとなりますので、これには注意が必要です。オール・イングリッシュが中心とした活動なら、日本語で書いたプリントにチェックをさせるといったものでもいいと思います。個人的には最後の最後まで英語で活動させたいと思います。そんな場合には、最後の挨拶の時に自己評価をGood? Bad?とジェスチャーで表現し、尋ねる程度でもよいのかもしれません。

■■■挨拶：はじめと終わり

授業のはじめと終わりのあいさつは児童と教師を英語の世界に行き来する儀式のようなものだと思います。欧米では授業が始まる際生徒が先生を立って迎えるといったことはなく、先生がHello !と言って教室にはいると生徒が各自それぞれに、挨拶を返すといった感じです。逆に日本のように日直さんの号令で全員が立ち、一斉に挨拶をするというのは彼らの目にはとても軍隊式だと映っているようです。

そうかといって、本格的授業を欧米式に始めるにはギャップがありすぎますので、私は日直さんの挨拶言葉の文句を欧米式にしています。つまり、日直さんの号令で立った後、また日直さんがGood Morning, Ms.松田.と挨拶するといったものです。たったこれだけですが、こうすることで、子ど

もたちは挨拶の後、人の名前をつけて呼ぶということを体験します。相手の名前を呼ぶ、相手を意識するということが、相手を尊重する、そして他者理解への気持ちが育つものと思われます。そして、授業の終わりにはGood Bye, Ms. 松田.ですし、最後の最後の授業には、Thank you, Ms.松田.なのです。

少し余談になりますが、生徒が先生を呼ぶ時は、必ず Mr./Ms.をつけていうようにして下さい。よくネイティブの方は、子どもたちに Call me, Bob.などといって、ファーストネームで呼ばせますが、彼らは自分たちが本当の先生ではない事を知っていての行動です。本国ではそう呼んではいませんので気をつけましょう。

第2節　子どもを聞かせる
　　　　オール・イングリッシュ

 担任と ALT の関係

TT で行う授業では担任の先生と ALT との関係を生徒たちの前で明確にしておくことも成功の道だと思います。

T1: ALT　　T2：学級担任

1．信頼関係の証明

　　担任と ALT がお互い名前を呼び合うようなデモを最初に行い、担任

がLTと仲良く、信頼している姿を生徒に示します。生徒はこのことでALTを安心して受け入れることができます。
またデモ終了後、ALTはこのとき担任を必ず拍手で評価します。
担任の発音がよいとことを拍手で認めたり、英語を話すことを子どもたちの前で評価し、Thank you.と言って感謝を示します。

2．T1とT2それぞれの役割分担
　黒子としてのT2の役割を生徒に示します。基本的に授業では指導者は一人であることが望ましいです。
　T2の先生がT1と同じ全く同じ内容を繰り返し言うことは避けます。生徒はT2の学級担任の言うことしか聞かなくなります。学級担任と生徒の絆は深くつながっていますので、あえてT1を立てるようにT2が動くと自然と生徒はT1の英語の指示を第一に考えるようになります。声の大きさもT1を尊重するように、T1以上に大きな声を出したりすることも同じような影響があります。また、立つ位置にしても中央の舞台はT1に、T2はそれを補助する形で動くようにすることが大切です。

　CDの操作・管理はT2の重要な仕事です。学級担任のクラスで授業を行う時は、前もってCDが確実に作動するか確認をしておく必要があります。また、CDをセットした際には頭出しと音量調節を同時にやっておくと、ロスタイムがありません。
歌を歌う体勢になっているときにもかかわらず、Music!と言って、歌が出ないということがないようにしたいものです。CDの操作ミスはとてもせっかく歌うおうと思っている生徒たちのやる気を損ないます。音楽はそれくらい大切なアイテムなのです。

心の窓を開けるウォーミングアップの効果

どんな授業もチャイムが鳴ったからといって、スイッチをしたかのように授業がフルテンションではスタートできません。特に英語活動のように学級担任が行う普通授業とは異なり、子どもたちにとって特別授業として感じていれば尚のことだと思います。

そこで必要なのがウォーミングアップの時間です。生徒の心を捉える『つかみ』の要素でもあります。まずは準備体操のようにオール・イングリッシュの環境に慣れるよう『ほぐし』のような生徒と先生との関わる活動からはじめます。初めてという授業ではこの『つかみ』といわれる時間をたっぷりとります。15分くらいが目安といえるでしょう。

『つかみ』がもたらす効果としていえるのは、指導者と生徒の信頼関係の構築です。指導者と生徒の信頼関係のないところでは学びはありません。『この先生は楽しいことをしてくれるんだ』とか『へぇー』といった感じのことです。少なくともこの人は僕たち生徒たちにとって有益であると思い込ませることが肝心です。本来の単元活動の前に時間を惜しんでする価値は充分あるはずです。

授業自体ははじめスローで入り、前半という部分で必ず今日学習する新しい内容を導入してしまいます。生徒の集中力を考えたとき授業がスタートし、15分以内にしてしまわないと集中力がなくなるからです。各ステップ細かな段階に分け基礎の部分、つまり全員が一からスタートできる活動からはいり徐々にステップアップすることが大切で、基礎から応用まで時間の配分を考えながら進んでいきます。毎回の授業を反省するときは、どの

ステップで行き詰まりがあったか、その活動の内容や時間のかけ方、展開の仕方に無理がなかったかなどをよく考えます。

高学年のつかみ

英語活動がすでに導入されている学校では、新鮮さを欠くといったことが大きな問題点となります。今まで経験した英語活動が「こんなものなんだ↲」というように、子どもたちなりのすでに位置づけされていると大変困ります。再び子どもたちの心を掴むのには本当に大変なエネルギーが必要なのです。高学年になると意味のない、または理解しないまま活動を続けることに不安を感じるようです。ただ単に楽しいだけではハメを外すので、本当に「楽しく学ぶ」ことができるよう設定することが大切だと思います。指導者は無駄や無理のない指導計画が必要で、そういった授業をするためには多くの準備が必要です。特に生徒たちの興味・関心に基づいた教材の選択や提示方法はよく吟味しなければいけません。巷によくある英会話スクール対象の指導書に書かれたゲームでは活動そのものが、早期英語教育の影響を強く受けています。小学校英語活動で使うには学習年齢にあっていないことがよくあります。英語を使っているだけでは十分ではありません。また総合的学習の時間の延長線上にある英語活動では、オール・イングリッシュでするには活動を説明する英語が難しすぎで、日本語の補助が多くなりがちです。オール・イングリッシュで進めるためには、もっとシンプルな英語でできるもので、その活動自体がもともと楽しいといったものがよいと思います。

『いじり』の効果

ウォーミングアップのひとつとして考えています。かける時間が短くて済むのでよく使います。授業のはじめに、挨拶を何人かの生徒とするだけです。またその際に教室の一番後ろまでひと廻りをするだけで、生徒のこちらに対する意識が変わります。生徒との距離感を縮めることはとても大切です。そしてこちらの指導のとどかせる範囲を示して置きます。大抵教室をひと廻りをすると、だれが英語が嫌いな生徒かどうかわかってきます。そこでその生徒にちょっと御挨拶をしておきます。『Hi、○○!』と言って、相手の名前を忘れずに言い声掛けをしておきます。公立小学校ならではのコツです。

声の出し方もいろいろに

コミュニケーション活動においてよくいわれることが、そのほとんどが言葉によらない要素によると言われています。オール・イングリッシュの環境の下、キーになる非言語要素として挙げられるのは次のことです。

非言語要素（70％から80％）
　　　顔の表情・アイコンタクト・ジェスチャー・態度・声のトーンなど

つまり、残りの20％が言葉なのですから、非言語要素がいかに重要かということです。ここでは声の出し方についてまず説明していきたいと思います。声の出し方として大切なポイントは大きさと速さといわれています。これはどんな言葉でも言えることですが、話し手は聞き手を飽きさせないためにこの二点に気をつけながら進めるといいと思います。

強弱　弱；whisper（囁く）していることをわからせる。
　　　　生徒が繰り返す部分だとわからせる

速さ　英語を clear に話す。
　　　大切なこと、聞いてほしいキーワードはその言葉を強調し、大きくゆっくり話す。

繰り返し　ゲームの名前、ゲームの手順となるキーワード（①回数、②交代の合図、③何をしたら終わりになるのか）を明確にさせるため、何度も言う。

間　集中させたいとき、聞かせたいとき、授業者は動かず生徒がこちらを向くのを待ちます。
　　大切な言葉のあとに間をおくことによって、その言葉を記憶させます。

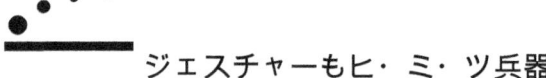
　　　　ジェスチャーもヒ・ミ・ツ兵器

外国へ行って、言葉がわからず、身振り手振りで通じたという話をよく聞きます。必死になって言えば、以心伝心、伝わるものだということです。オール・イングリッシュで英語活動をするとなると、子どもたちはまさにその環境にあります。

ジェスチャーひとつにしてもよく考え、子どもたちに間違いなく伝わるように工夫しなければいけません。話し手の癖も混乱の原因になるので、特に Look！と言って聞かせるときには、間違わないように1回で解るように

考えておきます。

ジェスチャーと同じように使えるのが、生徒と指導者だけに通じる秘密の合図を作っていきます。よく担任の先生が生徒を静かにさせるのに、握りこぶしを高く上げてみせるというジェスチャーをします。するとそれに気づいた生徒が次々と静かにしていくという方法があります。たとえば、新出単語の提示の後、『Repeat！』と言わずに、手を耳にかざすと生徒たちはその手の振りに合わせて単語を繰りかえします。もちろん初めての授業では通じません。何度か授業をしているとそういったヒ・ミ・ツ兵器はいくつも作りだされます。本当に子どもたちは先生をよく見ています。

 A-HA 英語体験

オール・イングリッシュで授業が始まると、子どもたちは『英語では何を言っているかわからない!』とまず思うようです。これはごく当たり前の現象と言えます。英語活動以外の授業はすべて母国語で話されているわけですから、先生から発信される情報は当然理解できることであるわけです。そしてその向こうにそれぞれの教科の学習があります。しかし、英語活動はその異なります。わからない中から自ら手がかりをさがし、わかったという体験が英語活動の意味する「学習」ということなのだと思います。英語活動の授業では、その子どもたちの心のシャッターが下りて行く前に、A-HA 体験をさせることがコツとなります。

例えば、ジェスチャー伝言ゲームの説明をします。まずゲームのタイトルから子どもたちにゲームの内容を半分くらい想像させます。まず「何だろう?」と思わせるわけです。次に、デモを使ってゲームの説明をします。短

い英文とジェスチャーでゲームの内容を伝え、一度結果を見せます。すると大抵『あ～、わかった』とつぶやきが聞こえてきます。これが A-HA 体験です。このゲームの説明を聞きだしてから、「このゲームはどうやるんだろう？」と考えるといったことが推察するということで、外国語学習ではとても必要な要素です。ゲームの説明の際、T2 である学級担任が ALT の英語を逐一訳してしまったら、どうでしょう。誰も ALT の英語を聞かなくなりますし、母国語でするそのゲームはたちまちつまらないものになってしまうでしょう。英語活動はそういった点で多くの A-HA 体験、つまり気づきのできる授業です。そして、このように気づきで蓄積された知識は一生忘れないのです。

絵カードの活用

英語活動に視聴覚教材は必須です。オール・イングリッシュで理解を求めるのには限界があります。それを埋めるのが実物教材 Realia です。しかし、実物 Realia を教室に持ち込むにはこれにも限界があります。そこで手ごろな絵カードを活用していきます。絵カード一つ見せるだけで、話題が広がります。小学校英語活動では生徒のたちの興味がそそられるような視覚教材として提示したいものです。より本物に近い形にするため、ぜひカラフルに仕上げて欲しいと思います。くれぐれも白黒コピーで This is an apple. The apple is red. などと言わないようにカラーコピーで教材作りをしてほしいです。

文化も伝える視覚教材：Road と Street

道 road と街 street の違いはどこにあるのだろうか。文字で見るとその違い

は曖昧だが、絵でみるとその違いは明らかです。日本語と英語の語彙の概念の違いを一番簡単な方法で理解するとすれば、それは絵を見て学ぶことです。できれば Picture dictionary をいつも手元に置いて学習したいものですが、なければ教師がその都度提示し意味の確認を行いたいものです。ただ単にものの名前だけではなく、動詞、前置詞なども絵を通して学習するとわかりやすいのです。

エンターテイメントな授業

授業を構成することは映画監督やテレビの放送作家の仕事とようだと私は思っています。つまり 45 分という番組を作るのということなのです。特にジェスチャー系のマジックショーやパントマイムのショーでの観客の心の捉え方はオール・イングリッシュで考えるときの手順としてとても役に立ちます。マジックショーでいうなら、ギロチンに首を挟まれた人を見て、ちょきんと切れるかどうかドキドキするのは、そのギロチンが本物であるということを観客全員で確認したからそう思うのです。そしてそう思った人だけが、ハラハラドキドキしながら、最後までショーを楽しむことができるのです。しかし、そのような大切な共通概念の確認をしているときに、よそを向いていたようではいけません。また、たとえ聞いていても、何を確認しているか理解できなかった生徒はその後の授業についていけなくなってしまいます。さらに理解不足が原因で、ゲームに楽しく参加できず、あるいはルール違反をしてしまうことで、ますます意欲を失い、悪循環になってしまうのです。

つまり指導者ははじめの提示のところで、どの子にもわかるように clear で simple な提示をすることが大切だと考えます。オール・イングリッシュ

の場合、生徒たちは今何が起こっているのかを五感を使って必死に知ろうとします。80％が非言語であるならば、指導者のジェスチャーや声のトーンや立ち位置、それから顔の表情から何がおこっているのかをinfer(推察)するのです。しかし生徒たちの一番頼りとなるジェスチャーが複雑であったり、授業者の癖やいい間違いなどが生徒たちの推察を邪魔したりすることになってしまいます。そして声のトーンや強弱も大切なヒントとなります。聞かせたい部分をゆっくり、繰り返して言うことで注意を促します。また声のトーンの強弱や速さを駆使することは、生徒たちの集中力を持続させるコツになります。45分の授業中さまざまなしこみ＝トリックで、生徒を飽きさせることなく授業を進行していくということが授業を成功させるコツなのです。

第3節　子どもを動かす

オール・イングリッシュ

■••• アクティビティのねらい

ゲームとアクティビティということばが英語活動の中でよく聞かれます。この二つは同じよう言葉のよう使われていますが、分けて使われていたりもします。ゲームといえば必ず勝敗がつきものです。それゆえその言葉を聞くとそれだけで子どもたちはワクワクする気持ちになります。アクティビティとはもともと活動という意味で、ゲームを含めて広く使われているようです。小学校ではアクティビティといえばコミュニケーション活動重視のものを多いようです。

楽しいばかりで終わるゲームと違って、その活動を通して学習のターゲットになっている単語や文が言えることがアクティビティの狙いになります。

英語活動というのは、何かを学んだらそれを使って体験するという技能体験学習です。まずはすぐに使ってみることが大切です。その体験することがアクティビティです。

■••• Naming（名前つけ）をよく考える

ゲームを始める前には必ず Let's play Bingo.といって次に活動するゲーム名をいいます。そうすることで、そのゲームの名前をヒントに子どもは頭の中でゲームの準備を始めます。そのため子どもたちに理解しやすい名前にして紹介することがコツになります。

◆カタカナを活用しよう。

　聞いたことのあるゲームの名前だと、子どもたちはほっとするようです。幸い日本語には多くのカタカナ言葉が使われています。確かに和製英語といわれて全く意味の通じないものもたくさんあります。しかし、違った視点から見ると、日本人は外来語として外国語を大変うまく取り込んで使っています。それでも私たちはつい「英語なんて普段耳にしない」と思ってしまいがちですが、子どもたちは違います。発音こそは本来の発音とは違ってはいますが、生の英語を聞いて、「あっあれだ！」とピンをくるようです。子どもの発想力や柔軟性はとてもすばらしいものです。これを使わない手はないのです。

　例：メッセージゲーム
　『This is Message Game 』というと、『あっ、メッセージ・ゲーム？』と聞き返してきます。この反応を利用します。

```
Game    ゲーム
Make pairs.    ペア
Count.    カウント
Race    レース
Relay    リレー
Game over.    ゲームオーバー
Time out.    タイムアウト
Version-up.    バージョンアップ　難しくなること。
```

◆オリジナルの名前をつけるとき

新しいゲームを作る時、特に注意が必要です。英語を和訳する際、類義語が多く迷ってしまうことがよくあります。例えば、「消しゴム取り」という言葉を英訳するとします。「取る」という言葉ですが、これを辞書で調べると、take, get, grab といろいろと出てきます。この場合一番広義で一般的なものを選ぶのがよいと思います。たとえば、Grab an eraser. とした場合、この「消しゴム取り」は争奪戦になってしまっても仕方がありません。なぜなら、grab ということばは「鷲掴みにする」といった動きがもとにあるからです。教育現場としてまず教える言葉は、grab 鷲掴むということばではなく、単純に Take 取るということになるというわけです。新しい言葉を生みだす時には慎重にしなくてはなりません。

◆文法的にしっかり押さえる

子どもに何度も提示するキーになる言葉が文法的に間違っているほど恐ろしいことはありません。そういった点では『英語ノート』に即して指導することはとても有益です。オリジナリティを求めるあまり、ゲームの名前つけの英語を間違えたり、適切でなかったりしないようにしたいものです。このように微妙の言葉のゆれは、ネイティブではわからないことが多く、彼らに尋ねても文法的に正しい答えは得られません。私たちが日本語の母語話者であっても、助詞の細かな用途について質問されても正しくは答えられないのと似ています。

「じゃなくてチャンツ」の利用方法

日英の発音の違いを学ぶための教材として『バナナじゃなくて Banana チャンツ (松香フォニックス研究所)』があります。チャンツというのは歌と違って、歌をリズムのみで表現したものです。担任の出る番としてふさわ

しい教材として全国的に利用されています。ここでは一般的な使い方と、その効果についてご紹介したいと思います。

◆『バナナじゃなくて、Banana, Banana.』
　導入：
　担任が下線の日本語を言う。その際カタカナ英語の部分を日本語的に強調して言います。
　ALTが残りの英語の部分を、アクセントを強調して言います。
　つまり、日英の発音の違いをリズムにのせて何度も言うことから、体に自然と英語の音とリズムを馴染まることができるのです。しかし、オール・イングリッシュの環境の下では、子ども自身がALTの日本語受け入れることができるかがポイントになってきます。特に名古屋市のようにALTがネイティブではなく、日本人の英語技能者JTEの場合、反応はいろいろです。

　初めての導入の際は必ず担任に下線部の日本語に当たる部分を担当してもらいます。この部分を単にALTが日本語で言い出すと、生徒は『このATは日本語が話せるんだ。』と思ってしまい、ALTとオール・イングリッシュで話すことに矛盾を感じるようです。そして、その後授業中何かわからなくなるとinfer(推察)することをやめて、すぐALTに『日本語で言って。』と言ってくるようになるからです。これでは英語活動をオール・イングリッシュでしていくこと自体に支障が出てきます。この部分は担任と一緒に活動することで実践していきたいものです。

効果があったクラスというのは、どちらかというと英語の能力の低いクラスです。ALTが日本語で言うと、とても親近感を覚え、『じゃなくてチャンツ』のところになるとクラス全員が一緒になって唱えているといった具合になりました。指導者と児童の一体感を味わえ、次の活動に楽しく続けることができました。その使い分けはALTの勘にまかせたいと思います。

◆日英の発音の違いを対比させたゲーム

一般的なカルタとりの中で日英対比コーナーのようにして、日本語訛りで取り札のカードを読み上げるというものがあります。他のゲーム同様、間違って取ってしまったらお手つきとします。英語で読み札を言ったとき、取れたら、2ポイント得点をあげるといったゲームです。曖昧に聞き取るのでなく、勝ち負けもはっきりするので、生徒たちは真剣に取り組み、とても効果的です。

デモンストレーション（以下デモに省略）123

アクティビティをする際、その活動の名前を言ったあとは必ずデモをして手順を説明します。オール・イングリッシュの環境では、すべての活動においてデモというものがとても大切な要素となります。
デモをまず示し、次にする活動が何かわかった上で活動を始めないと教室は大混乱となります。オール・イングリッシュの要とも言えるところです。

英語のスピーチでも言われるように演繹的にデモの手順を進めるとよいです。

デモ1：ALTが中心になってひととおり活動の流れを示す。

デモ２：代表の生徒が中心となって言ってみる。
デモ３：代表の生徒が助けを借りずにやってみせる。

このように、３回のデモをするということは、その後の活動の混乱を防げるので、かえって時間が無駄になりません。

デモ１：ALTが中心になってひととおり活動の流れを示す。

例：キーワードゲームのデモ
OK. Let's play Key Word Game.
Now let's choose a today's keyword
Today's keyword is this card.
ここでキーワードを決めておくことが大切です。
矢継ぎ早に指示がくると混乱したり、やる気を失ったりするので、ひとつずつ指示がこなせるように指示を与えます。

I need two helpers for this.
キーワードゲームの場合、デモが生徒全員に見えやすい前列真ん中に座っている二人を選びます。

You two, stand up, please.
Put your desks together. 机をあわせるジェスチャーをする。
Now sit down. 椅子にすわらせる。
Do you have any erasers?
消しゴムを持っているかみんなに尋ねます。
Eraserがわからないことが多いので、ものを消すまねをして伝えます。

Can I borrow this eraser?
消しゴムを早く出した生徒のものを借ります。

I put this eraser in the center of your desks.
この際聞かせたい単語、下線部を大きくはっきりと言います。

This time we say it with this rhythm.
前段階で練習した単語を「今度はこのリズムで言っていくよ。」と伝え、
Teacher,　teacher, clap ×, clap　×．×のところで手拍子1拍する。
Teacher,　teacher, clap ×, clap　全員でできるよう手拍子のジェスチャーをする。

次の単語を同じリズムで言う。
キーワードにくると
On the keyword, you don't say the word. 口の前で指をクロスさせ、言わないというジェスチャーをします。
You just take the eraser right away. Quick!
消しゴムをさっと取るジェスチャーをします。
⇒ここで生徒は言わないでとることがわかります。

デモ2：代表の生徒が中心となって言ってみます。
同じ動きを今度は生徒が中心になってやります。この時、ALTが先に誘導しながら、進めていきます。

デモ3：代表の生徒が助けを借りずにやってみせる。
今度は英語の説明なしで同じ手順でやってみる。
ここでデモの生徒が消しゴムをとれることが大切です。

◆誰とデモンストレーションをするかということ
　担任とする場合の効果
　　1．英語活動の授業の1番始めに、挨拶や自己紹介のデモとして、担任とALTとの信頼関係を証明するためにします。担任が生徒代表であることの確認となります。
　　2．生徒にデモをしてもらうのでは難しいと判断されたときにします。生徒の英語力をカバーし、正しい英語でデモができます。

　生徒とする場合の効果
　　1．生徒たちは自分たちの代表がでていると感じ、より集中してデモを聞くことができます。
　　2．デモを行う際、Helper お助けとして生徒を募ると、力を持て余していたり、やる気のある生徒が活躍できたりするよい機会になります。

■対照比較して教える利点

オール・イングリッシュの環境では、手順を飛ばさず丁寧に伝えるということも大切です。手順をとばさず同じ言葉を繰り返し聴いているうちに、「次に言うのは、こうかな？」と子どもたちは予測を簡単に立てることができます。また、何度も同じ言葉を聞くことが自然にできます。もちろん、慣れてくれば少しずつ簡略して進めていくと良いと思いますが、これはか

なり上級のレベルだと思います。

◆Find your friend.
クラスを二つに男女に分けます。教師はそれぞれのチームから一人の生徒の名前を書きだし、その名前を隠します。
先頭から友達の名前を耳打ちし、最後まで伝えたら、最後の人がその友達を探し出し、つれて椅子に座らせるといったものです。

以上のように日本語で一度に言って説明する場合でも、子どもにとって新しいゲームを理解することはとても難しいことです。それを一つずつ、確認をとりながら進めていきます。もちろんいつでもデモをしてから活動です。

例（デモの後から）
OK. Let's play 'Find your friend' game.
First make two groups.
Boys, stand up. Make a line here.
Girls, stand up. Make a line here.
Now show me your name card.
<u>Who is the last?</u>
<u>You are the leader. You find your friend. You take her to this special seat.</u>
次の活動の要になる生徒には先に声をかけておきます。
同様に、同じ表現を使って相手チームにも念押しをします。
Are you ready?
先頭から耳打ちします。

'My name is Takuya.'・・・・
Answer check.
椅子に座っている生徒に聞きます。
Are you Takuya?
生徒：Yes.
同様に、同じ表現を使って相手チームに聞きます。

相手チームに聞く時、つい省略したくなりますが、ここをしっかり聞かせることでオール・イングリッシュのリズムは崩れず活動を続けることができるのです。

ゼロから始めるクラスルームイングリッシュ

クラスルームイングリッシュ、つまり教室英語の使い方次第で、英語活動の英語は本物の英語に近づいていきます。これは大変効果的な方法です。指導者から発信された英語は、教室という限られた空間を、その空間を共有するものだけに通じるルールによって、子どもたちをコントロールしていきます。学級担任の先生が「静かにしなさい」と言わず、ただだまって右手を上げてかざすだけで、生徒たちはそのサインを読み取り静かにできると言ったことと同じです。学級担任と生徒との間にはその学級しか通じない約束ごとがあります。それの英語バージョンとして考えてみてください。

指導者と生徒とだけに通じる約束ごと、つまりジェスチャーをふんだんに取り入れ、クラスルールとして使えば良いのです。言いたいことは言葉のみで伝わるのではなく、その言葉を使った状況や条件といったすべてのことがその言葉の意味を推察します。英語が話せない日本人が外国へいって、

身振り手振りで話したら通じたというのは同じ状況です。指導者はできるだけ日本語排除し、英語を聞かせようとする姿勢を通したいものです。このことが子どもたちの耳を育てます。

どうしても日本語を話さなければいけない時は、できれば、生徒からのこの言葉を待ちたいと思います。『In Japanese、please.』　はじめの頃は忍耐が必要ですが、授業のやり方に慣れてくるにつれ、子どもたちが理解できるクラスルームイングリッシュを、徐々に増やしていきます。子どもが発話して良いものは、どんどん生徒にやらせていくようにします。日直さんの英語などがよい例です。そうすると子どもたちも指導者と、同じレベルの会話が、できるようになっていきます。ゼ口から始めるクラスルームイングリッシュとしては、初めの段階としては、『もっと簡単に言うと』のコーナーからぜひチャレンジしてみて下さい。教室が見る間にオール・イングリッシュになっていきます。

◆授業が始まる前

机の中にしまう。　Clear the desk.
　　　　　　　　　Put everything in your desk.
　　　　　　　　　Into the desk.
誰がいないの？　　Who is not here?
　　　　　　　　　Who is not coming back yet?
　　　　　　　　　Is he absent?
お手伝いをお願いします。
　　　　　　　　　Any volunteers?

Who wants to be my helper?

Could you help me?

カードを黒板に貼って下さい。

Put these cards on the board, please.

Would you please put these cards on the board?

※頼んでいるわけなので Please や Would you の言葉を忘れずにいいます。

もっと簡単に言うと、単語で

Desk, please.　机をお願いします。
Cards, please.　カードをお願いします。
CD player, please.　CD プレーヤーをお願いします。

◆授業が始まったら

日直さん、お願いします。Who is a today's leader?
ピッと立つ　　　　　　　Stand up straight.
授業が始まったので静かにする。
　　　　　　　　　　　　No Japanese now.
　　　　　　　　　　　　No more Japanese.
ちゃんとすわる。　　　　Sit up straight.
体をこちらに向ける　　　Face to the front.
手をあげる・下げる　　　Raise your hand.

　　　　　　　　　　Put your hand down.
おしゃべりしすぎ　　Too much talking.
　　　　　　　　　Be quiet.
立ち歩くな。　　　Don't walk around.
椅子の上に座るな。
　　　　　　　　（椅子に体育座りしている場合）
　　　　　　　　Don't put your feet on the chair.
　　　　　　（足を指差して）Off the chair.
足を机の上に置くな。　Put your foot off your desk.
　　　　　　（足を指して）Off the desk.
椅子を揺らすな。　　Don't rock your chair.

もっと簡単に言うと、2 語で

　　　Be good.　　いい子でね。
　　　Be nice.　　ナイスにするのよ。

◆ゲームの時

手は頭の上。　（両手を頭の上において）Hands.
　　　　　　Hands on your head.
頭で覆ってはいけない。　Don't cover the cards.
　　　　　　Sit up nicely.

ずるはダメ。　　Don't cheat.
　　　　　　　　No cheating.
おりこうに！　　Be nice.
　　　　　　　　Don't goof around.
自分の番を待って。Wait your turn.
あなたが先でした。　You touched the card first.
　　　　　　　　　You can take it.
あなたたち二人、けんかしません。　Don't fight, you two.
ごめんって言いなさい。　Say, 'I'm sorry.'

　　　　　　　もっと簡単に言うと、シンプルに

　　　　　　Ready?　　用意はいい？
　　　　　　OUT!　　　アウト！

できれば Cheat.（ずるをする）という言葉を前もって教えておくとよいです。You're cheating.など実際にはよく使われる言葉で役に立つます。なぜ Out になったか本人はよく知っているはずだと思います。

スクリプトを書こう

スクリプトとは授業の台本です。オール・イングリッシュで授業するには指導者は話す英語を思いついたまま話すのではなく、生徒に伝えるのに計画をもって伝えていくことが大切です。はじめは大変なスクリプト書きですが、慣れてくると授業中戸惑ったりせず授業を進めることができますの

で、ある意味とても便利だと言えます。

今回は本書で英語ノートを使った単元のスクリプトを掲載しました。この本で紹介した授業のコツを見ながら、スクリプトを読んでみて下さい。そして自分でスクリプトを書いてみましょう。

　歌の指導

歌には本当に不思議な力があります。低学年に英語の歌を歌わせると、子どもたちは与えた英語を、訳も分らずそのまま忠実に真似て歌い返すので、たくさんの方が驚いたのではないのでしょうか。こんな素敵な経験すると、英語の導入時期はいつと聞かれたら、思わず低学年、あるいは小さければ小さいほど良いと言いたくなります。

小学校に英語活動が入るようになり、歌というのはあらゆる意味で授業のスパイスになります。良い意味で授業の要ですし、また悪い意味では、特に高学年にみられるように、授業が失敗する原因ともなります。しかし、子どもたちにとって将来英語が身近であり続けるには、歌の存在はとても大きいものです。日本のように英語が日常生活のかで外国語であるといった環境では、歌は日本にいていつでもひとりでできる学習方法です。また、一度覚えた歌は年をとっても思い出せるものです。一生の宝となります。そういったことを考えると正しく歌わせることはとても大切だと考えています。

歌を指導するにあたって、初めの導入がすべてです。問題になるのは発音と歌のスピードです。初めて教えるときにはまずしっかり聞かせることが大切です。歌のレベルによりますが、まずは歌に合わせリズム取りをなが

ら、ゲームを通して、歌と遊びます。音が取れるようになったら、ワンフレーズずつゆっくり教えるのが基本です。

歌から会話への発展

歌には歌をまるごと覚えるというダイナミックな教え方がありますが、これにはひとつ問題点があります。特に、低学年でよく見られる傾向としては、子どもたちは歌を楽しく歌ったとしても、歌にある会話表現を使って普通に問いかけをしてみると答えられないということが多くみられます。歌では歌うことができるのにとても残念だと思います。歌を素材として会話にするために、工夫が必要です。また、高学年では、歌を歌として丸ごと覚えてしまうというより、意味を理解してから歌う方が子どもたちは安心して活動に取り組むことができたようです。

◆歌の手順
- □ 歌をしっかり覚える。
- □ グループ掛け合いで歌う
- □ ペア掛け合いで歌う

※歌の後生徒に質問するとき、アカペラからゆっくり会話調へ聞かせます。

低学年にYouを歌と一緒にジェスチャーをし、強調することで、理Youの解をさせます。

♪Hello, how are you?
　Hello, how are you? と聞いて、I'm fine. と答えられるようにします。

♪Hello, hello, what's your name?

　What's your name?と聞かれて、My name is～.と答えられるようにします。

　ETM を活用して

ETMとは Education through Music です。
歌いながら、同時に動作するといったやり方です。
歌つき TPR というかんじです。

◆Make a circle, do oh, do oh. 円の体制を作る時：低学年

　Make a circle, do oh, do, oh.ではその名のとおり、歌を歌いながら円になります。低学年に円を通るように指示するとたいていの場合大騒ぎになり収集するのに時間と労力を使いますが、これだと歌が終わったと同時にすぐに次の活動へ入れます。

手順
- □　手で丸を作り、円を Circle ということを理解させます。
- □　次に Let's make a SMALL circle.と言って、体ごと小さくなって Small を表現します。
- □　その次は、Let's make a BIG circle. 両腕を使って大きい円を表現します。
- □　Make a circle, do oh, do oh .の歌を導入します。
- □　それから、Now　let's make one big circle in this class.　と言ってこの教室を指示します。片手で椅子を持って言えば、子どもたちも同じように歌を歌いながら、円を作ろうとします。歌の3回目くら

いでできた円で歌を止めて、椅子に座っていったん座ります。この際きちんとした円でなくても構いません。小さすぎれば、Step back.すればよいですし、数人をもう少しどちらかにつめたければ、Stand up. Move aside.すればよいのです。

◆Are you ready?　静かにさせたいとき：全学年
　この方法の良いところは、『静かに!』と言葉で言っても、なかなか静かにならない時、歌に乗せて言うと、水を打ったようにあっという間に静かになります。♪しずか～に～♪と、先生が歌いだすことはとても不思議に感じるようです。いつも子どもはほんとうに面白いと感じる活動です。

　□　先生：♪Are you ready?
　　　　　　　　　準備はいいですか？と呼びかけます。
　□　先生：♪Yes, I'm ready.
　　　　　　　　「先生は準備はいいですよ」のつもりで言います。
　□　先生：♪Yes, we are ready.
　　　　　　　　みんなは準備はいいですか？と呼びかけます。
　□　生徒全員：(合図のあと) ♪Yes, we're ready.

初めは①②④④、慣れてきたら交互に言えるようになります。
そして、上級編は①③を生徒代表にさせることもできます。

静かになるだけでなく、この活動を通して、you の単数・複数、I と I の複数である we の学習を身をもって体験できます。

他にこんなパターンもあります。ぜひ活用してみてください。

```
I see you.
You see me.


I touch you.
You touch me.
```

目に見えるご褒美

いずれ教科化されると他教科同様の基準で評価する時代がやってくるのかもしれませんが、ここでいう評価というのは授業の中での評価です。

◆アクティビティの目的をはっきりとさせる

学習した英語の表現を使い、その英語表現の正誤を確認するため評価です。

次の活動へのやる気にもつながります。

~ご褒美の形~

活動の終わりに、正しい活動ができた生徒に発表させ、拍手のご褒美。
活動の終わりに、正しい活動ができた生徒に発表させ、目で見えるご褒美。

- シール・スタンプをあげます。
- すべての活動を通して、賞状などをもらえるように目標を設定するとさらに効果的です。

~活動が正しくないとき~

多くの生徒が混乱したまま活動をしている時や、充分に活動できていないと判断されたときすべての活動を一旦中止し、正しくできている活動にOK.サインをし、間違うポイントを捕らえてNo good.として注意させます。できればこうならないように、デモのところで正しく活動内容を伝えるよう工夫します。

よりナチュラルに

数や名前などはいつでも授業に取り込むことができます。
その理由は、ごくあたりまえの自然な行為だからです。
数を習おうと言って学習するのではなく、使う場面を設定することでごく自然に活動できます。

◆Number 数０～２０
　＊ Count down①
　　活動の終了の声掛けに使います。
　　10, 9, 8・・3, 2, 1, 0

　＊ Count down　②
　　残り時間あと１分という時に、１０秒ごとにカウントダウンしていきます。　60, 50, 40,・・・１０、０

　＊How many sheets do you need in this line?
　　この列では何枚プリントが必要ですか？

　＊ How many points did you get?
　　　１，２・・２０
　カルタ１枚１点にして、得点を数えます。
　また、カードの中に special card を作り、そのカードをとった人は１０点、
　　１００点加算するようにすると、大きな数まで数えることができます。

◆Name　名前を聞く

自分の名前を言われることは子どもたちにとってとても特別なことです。
集中させたいとき、いろいろなパターンで生徒の名前を呼びます。

【毎時のはじめにつかみとして】
Hello, what's your name?
名札を見て、Your name is たけし？
と、わざと名札が見えていない生徒に対して、聞くことにします。

【気になる生徒に対して】
また、生徒の中に入って、とある生徒の前で立ち止まり、他の生徒に、
Who is this? What is his name?この子はだれ？と聞きます。
He is ゆうた. OK. His name is ゆうた.

I want to say Good Morning, to a good student in this class.
「このクラスの Good な生徒に挨拶をしたいな」と言い、気になる生徒に挨拶をしておきます。

【褒めるとき】
カード貼りを手伝ってくれた生徒を、席に返す時、その生徒の名前を聞き、お礼を言う。
Wait, wait.　What is your name?
My name is るみ.
Thank you, るみ.
Give her a big hand.

【静かにさせるとき】
すでにこちらを向いて待っている生徒の名前を呼びます。特にいつもみんなが悪い子と思っている生徒の名前をあげると残りの子は遅れを感じるので割と早く静まります。集団心理を利用します。

第4節　オール・イングリッシュの

英語を磨くコツ

●●●● 多様な英語：ワールド・イングリッシュ World Englishes
２１世紀に入って、世界はインターネットとつながりますます狭くなってきました。英語そのものが多様になってきたのです。以前はネイティブといえば、生まれたときから英語で育ってきた人を指し、外国語訛りのない英語を話す人のみが英語学習時のモデルとされてきました。日本では、戦後アメリカ英語がイギリス英語に比べ、学校英語では優勢になりました。最近では外国語訛りのないネイティブといえば、イギリス人、アメリカ人、カナダ人、オールストラリア人、ニュージーランド人をいい、その数は４億人弱となります。今日、世界の英語話者数について考えたとき、彼らの次に英語が話せる人たちとは、英語を公用語もしくは準公用語として話す人たちのことをいいます。つまり、英語を第２言語としている人たちのことです。インド人、シンガポール人、バングラディッシュ人、ガーナ人、ケニア人、マレーシア人、ナイジェリア人、フィリピン人ということになり、その総数は約３億人から５億人いるといわれています。そして英語を母語としてではなく、外国語として身につけている、もしくは学習している人たちとしていわれているのが、日本、中国、韓国、イラン、インドネシア、ネパール、エジプト、ロシアの人たちです。彼らの英語のレベルは別として、その総数は５億から１０億人いわれています。そうすると世界の人口の約６０億人中、その３分の１の約２０億人が実際英語を何らかのレベルで話せるということなります。このため、英語が世界共通語として

みとめられざるをえない現状になってきたのだといえます。またこのデータからみると、実際の世界でコミュニケーションの手段として使っている英語は訛りがまじった英語の方が多いということです。最近ではその英語の総称を World Englishes といっています。

では、日本人は一体はどの英語をモデルとして学習すればよいのでしょうか。モデルは良い方がよいというのが私の結論です。音源になりえる英語は生粋のネイティブ英語が原則だと思います。ただ、英語母語話者が、かならず学校現場において T1 の立場で指導できるかと言えば別問題です。これは我々日本人が母語話者として、学習者に正しい日本語を教えられるかどうかとは異なる話と全く同じです。私たちは日本語が通じるか、通じないかという点では回答できても、なぜ通じないか、文法的には説明が充分にできないからです。ネイティブ神話が通じない点はそれなのです。

英語を指導するとき学習者の立場でアプローチが異なります。次の２つがあります。

ESL：English as a second language　第２言語としての英語
EFL：English as a foreign language　外国語としての英語

もちろん今の日本の状況は EFL だといえます。第２言語としての英語学習方法では日本人にとっては難しいのです。世界の英語教育の情報の多くは英国・アメリカが発信源となっていますので、主流の教授法は ESL でした。英会話スクールの外注のカリキュラムに無理があるのはこんなところからも感じ取られます。また、EFL である学習者の環境も幅が広く、日本が小学校英語活動のモデルにした韓国ともまた違っています。今回の小学校英

語活動はEFLといった立場にコミュニケーション活動を加えた日本独自の舵取りを切ったことになります。

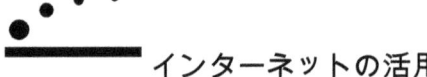 インターネットの活用

小学英語教育の基本情報について調べるのにはインターネットが結構便利です。

以下の名前をネットで検索してみて下さい。教材を含め、さまざまな情報が手に入ります。

 成美堂　小学校英語教育応援サイト

https://www.seibido.co.jp/kids/index.htm

こちらのメインサイトはとても多くのサイトとリンクしています。よく整理されているので使いやすいと思います。

 文溪堂　小学校外国語活動情報WEB

http://www.bunkei.co.jp/eigo/index.html

情報コーナーでは研究校での実践報告のサイトとリンクしているので、とても勉強になります。

 スペースアルク　小学英語

http://shogakko.alc.co.jp/
毎日情報がアップされているというサイトです。
海外旅行・生活のページの「世界のあいさつ」ではチベット語やエスペラント語が音声で紹介されています。ダウンロードすると、子どもたちに聞かせることができます。

　　　　旺文社　学校英語ハピラボ

http://hapilab.obunsha.co.jp/
こちらのサイトもとても情報が充実しています。『小学校外国語活動実践マニュアル』の抜粋版がPDFファイルでダウンロードできます。文科省からは各学校に1冊ずつしか配布されませんので、とても助かります。その他絵カードなどたくさんの無料ダウンロードができます。

　　　　ベネッセ　小学校の先生のための英語情報ネット

http://hello.benesse.co.jp/
教室で役立つ！参考資料集のクラスルームイングリッシュはとても便利です。

　　　　ベネッセ教育研究開発センター

http://benesse.jp/berd/index.shtml
ここの教育フォーカス内の「子どもの教育を考える」シリーズの研究員リポートでは、小学校外国語活動の基本調査の結果が掲載されています。

 三省堂　小学校英語活動

http://tb.sanseido.co.jp/english/e-english/index.html

小学校英語コラムでは小学校の担任の先生から授業の指導のポイントが紹介されています。

 小学館集英社プロダクション　小学校英語活動の支援

http://www.shopro.co.jp/eigokatsudo/workshop/

指導案の紹介のコーナーもとてもよいですが、ここからリンクする「コラム[目から鱗]」では渡辺寛治先生からのメッセージが20回以上に渡って掲載されています。とても興味深いお話です。

 スーパーえいごリアン　コラム

http://www.nhk.or.jp/s-eigorian/column_s.html

日本の小学英語教育の業界の重鎮からのコメントです。必読です。

●ワークショップ・学会の紹介

 MPI 松香フォニックス研究所

http://www.mpi-j.co.jp/
オール・イングリッシュでの指導方法が徹底的に学べます。

 JASTEC　日本児童英語教育学会
http://ace1.yasuda-u.ac.jp/~jastec/

 JES　小学校英語教育学会
http://www.e-jes.org/

　教材の探し方

授業を作っていくのに教材は不可欠です。この春には『英語ノート』という本が配布されます。『英語ノート』に実際使われる単語の絵は文科省のホームページからダウンロードすることができます。『英語ノート』に使用さえている歌やチャンツなどの音声教材はCDとなって配布されることになっています。視覚教材については絵と文字の関係を、これからもっと開発されるのではオリジナルティも出すためにもっと工夫されるのがよいと思います。

◆絵カード

日本語なしで説明するにはなんと言っても絵を見せるのが一番です。
文部科学省のサイトからダウンロードをするのもお手軽ですが、アメリカ的な絵の提示もひとつの国際理解ではないでしょうか。
クリップアートをダウンロードして、フラッシュカードを作りましょう。

◆アメリカのクリップアート
www.clipart.com
ダウンロードだけでなく絵に細工をしたい方にお勧めなのが、画像編集ソフトです。もし自分のパソコンに良いソフトが入っていなければ、インターネットからダウンロードしましょう。J-Trim は定評のあるフリーソフトです。もとになる絵にモザイクをかけてみたり、渦巻き状に加工したり、絵カードを使ったクイズを作る時にとても便利です。

◆フォントで楽しくオリジナル教材作り
デズニーランドに起用されているフォントなどちょっとしたカード作りにあるととても楽しいイメージになります。ネットからダウンロードし、圧縮ファイルを解凍したら、コントロールパネルのフォントにドラッグします。自動でインストールしますのでとても簡単です。ハロウィンやクリスマスのイベントなどの掲示物を作る際役立ててください。

フリーフォントのお勧めサイト
www.10001freefonts.com
www.urbanfonts.com
www.fontfreak.com

◆教具
100円ショップ
カラフルスタンプやシールといった文房具からちょっとした教具までが手ごろな値段で手に入ります。わが子おもちゃなど処分してしまった時にはとても役立ちます。

授業作りに役立る

◆動画でみる技
学会・研究会に参加するのもいいですが、時間やお金があまりないという方はまず教育委員会や研究校のサイトにアクセスしてみてください。最近では多くの指導案や動画がアップされています。まずそれを見て授業のヒントにするといいと思います。とても参考になるサイトです。ただ注意しなければいけないのは今回の新指導要領に当てはまるかどうかを検討した上で取り入れることが大切です。

佐賀県教育センター　外国語活動
http://www.saga-ed.jp/kenkyu/kenkyu_chousa/h19/h19eigokatsudo/top/top.html
佐賀　「教育センター　小学校英語活動」で検索をかけると宗　誠先生のサイトがあります。コミュニケーション活動を中心としたゲームの紹介など、とてもためになる動画があります。

◆発音チェックはこちら
自信のない発音はすぐにチェックすることが大切です。小学校英語でよくいわれるより身近な単語は中学英語で取り扱われないような単語や表現が

とても多く指導者泣かせです。聞いたことがない単語に出会った時にはぜひ下のサイトにアクセスしてみましょう。発音記号が読めなくても大丈夫です。ワンクリックで音が再生されます。

www.dictionary.com
www.howjsay.com

◆英語の辞書
ゲームの名前を付ける時よく活用します。ゲームの名前はその名前を聞いただけで子どもたちはわくわくといった「つかみ」の効果があります。楽しく、かつ、わかりやすい英語でつけたいものです。同じ動きを表わす言葉が見つかった際には、よく調べて最も広義な意味をもつものを使います。最終確認は大修館のジーニアスや翻訳サイトやアメリカのYahooサイトで調べます。

HP: cross translation サイトがお勧めです。
Yahoo, Excite, Livedoor, Inforseek の訳が良いようです。

◆クラスルームイングリッシュの情報サイト
HP: 大牟田教育委員会　小学校英語実践事例集
http://www.e-net21.city.omuta.fukuoka.jp/english/index.htm
発音チェック、ジェスチャーチェックが一度にできてしまうすぐれものサイト。何度も練習して自分のものにすれば、英語で授業するのは怖くない！！

HP: 元気イングリッシュ
http://genkienglish.net/classroomenglishj.htm
動画でチェックができる。短くてわかりやすい英語がよい。

ＨＰ：授業ですぐつかえる Classroom English～英語教育
http://kyoiku21.net/classroom.html

HP：児童と英語教育～パソコンとインターネット～
http://www.urban.ne.jp/home/bisa/children/elementary1.htm
クラスルームイングリッシュだけでなく英語関係の情報満載。

第３章

実践に学ぶ

第1節　授業を終えて

 Stand up. シット down.
日直さんの号令だ。授業の初端、多少間違っていてもいいといわれる英語

活動の英語だが、これだけはどうも困る。つい私は大声で Shit down.と訂正してしまう。Sit down.は良いが、Shit　down.は和式トイレでしゃがみこむあの姿勢のことなのだ。日直さんの命令で本当にクラス全員がしゃがんでしまったら・・・と思うと恐ろしい。幸か不幸か今までその号令でみんなはすっと椅子に座るのだ。何とかしてほしい。
Sit down.でもう一言コメントを述べておきたい。この英語は学校などではOKだが、実際社会に出て使うことはほぼない。なぜなら『座って下さい』と人に席をすすめるときには Have a seat, please.ともっと丁寧に言わないといけないからだ。Please sit down.では上の人が下の人、学校のように生徒にもの申しているときにいうのだ。

 打ち合わせの時間なんてない！！
私の勤務は 8 時半からだ。職員会議はその少し前から行われることが多い。全員が集まるいいチャンスだ。私はそのときを逃がさない。前日授業が終了すると職員室を出る前に次の日の授業の指導案を担任の先生の机に置いておく。その方が確実に見てもらえると思うからだ。そして実際ほとんどの先生が目を通していただいているようだし、授業中その指導案を片手に授業を見守っていただいている。時には自分の出番の言葉にマーカーまで引いて下さっていた。指導案を練るのは正直大変な作業で最初のころは読んでいただいていないならと何度もやめようと思った。でも実はこれが忙しい担任との有効な連絡手段なのだと思う。授業前に自分のクラスの生徒がどんな授業を受けるか知りたいと思うのは当然のことだ。私はできるだけ資料を出すように心がけた。 P.31

 お礼の歌

ここはどこ？　私立小学校？　以前私立小学校で英語を担当していた私は始めてそのクラスに入った瞬間そう思った。　4時間の短い活動の間、子供たちのおへそはいつも私のほうへ向いていた。楽しい4時間が過ぎ、『今日で終わりです。』といって、最後の挨拶が終わった。私が教室を去ろうとしたとき、担任の先生が『Ms. Matsuda. We have a song for you..』と言ってCDをスタートさせた。子供たちの体制が変わった。起立の姿勢から先生の号令とともに足を肩幅に広げ両手をうしろに組み、子供たちの視線は担任の先生の指先にあった。合唱の態勢だ。
Are you ready?　先生の指先が音楽の指揮棒になって動き始めた。子供たちの澄んだすばらしいきれいな歌声がクラス中に響いた。日本語の歌だけど子どもたちが一生懸命私に歌ってくれる。ありがとうって。本当にうれしいプレゼントだった。
先生が後で言ってくださった。同じ感動を共感すること、これが子供たちの宝になるって。先生、ありがとう！！

 担任の先生からのありがとう

それは最後の授業の終わりの挨拶だった。私の挨拶の後のことだ。『1年生で、普段日本語のスピーチもままならないのに、英語で全員発表できたことはとてもすばらしかった。みんな松田先生にぜひお礼を言いましょう』と担任の先生が深々と頭を下げてくださった。4時間目の授業だったので、すでに給食の時間に食い込んでいる。それにもかかわらず、時間を惜しまず、お礼を言ってくださって、本当にこちらこそお礼を述べたい。そして何よりも一番うれしかったのは先生が生徒を『あなたたち、とってもすばらしかった』とまず誉めてくださったことだ。担任の先生がそんなに褒め

て下さったことはきっと子どもたちの心に大きな自信となることだろう。職員室に帰っても興奮は冷め遣らず、『所見にぜひ書きたかった。』と言って下さったことは何とも嬉しい。小学校には音楽などのように専科の授業もある。子どもたちにとって担任の先生だけが先生ではない。だが、やっぱり担任の先生に褒めてもらえること、これが子どもの力を伸ばすことだと思う。

 I'm sorry.ができない

チャイムが鳴った。教室へ行ってみると子供たちはまだ半分しか集まっていない。25分休みか。仕方ない。私はいつも歌う歌のカードを手に、Any helpers?とお手伝いさんを募った。前に座っている大人しそうな女の子が快く引き受けてくれた。英語活動は前準備がある。待っている時間の有効利用だ。カード教材を貼り、CDプレーヤーをセットした。
もう待てない。『始めましょう』担任の号令がかかった。『日直さん！』その瞬間だ。最後の数名が入って来た。『遅い！！　次は英語活動やって言うただだろうが・・・。何をしていたんですか』　『すみません』といわんばかり遅れた生徒は頭をひょこっと下げて、私の目の前を通り過ぎた。『You say, I'm sorry. Alright?』と私はあわてて言った。聞こえなかったのか、その生徒たちは急いで席に着いた。そこで私はもう一度声をかけようと思った。　I'm sorry.　この言葉を教えられる絶好のチャンスと思ったのだ。日本人はこんなとき誤らず、すごすごとするのだ。国際理解教育のチャンス。けれど、担任に私の気持ちがわかってもらえるどうか。不安がよぎった。私は何事もなかったかのように授業を始めた。口惜しい瞬間だった。
ハプニングなんていくらでもある。そんなハプニングもその期を逃がさず授業にうまく取り込めるときっといいのだと思う。特にコミュニケーショ

ンともなれば素材はどこでも散らばっている。生きた教材にするかは指導者の技術なのだろう。

 You are a baby.

5時間目の授業だ。いつも教材準備に手間取るので、チャイムが鳴る前に職員室を出た。教室に着くと、黒板の下に男子生徒が2人座らされていた。担任の先生がその子たちに声をかけている。『あんなに言ったのに今日は掃除をサボったんですか！ 次は英語活動だけど、やりたいですか？ どうですか？』 だいたい何が起こったのか想像できる。こんな時担任は怒り芝居をしなくてはいけないのだ。チャイムが鳴った。日直さんの号令にみんながだらだら立った。日直さんがちゃんとするよう何度も何度も注意をするが、とにかく一斉にそろわない。右隅の方で足をバタバタさせて続けている生徒がいた。担任の先生が『チャイムが鳴ったのにまだ始まらないでしょ』ととどめを刺した。それにも関わらずその彼は『僕、してないも～ん』と反省なげに応えた。担任の先生はぐっとこらえてとにかく生徒を着席させた。担任からALTへT1を受け渡す瞬間だ。授業開始のけじめとして、私に対して時間が遅れて始まったことを I'm sorry. と頭を下げた。散々待たせた皆に、さあ気持ちを切り替えてやりましょう。のつもりで英語活動をスタートさせたその瞬間だ。その生徒がまたごちゃっと言ってきた。そうでなくても授業が遅れたのにこれ以上遅れてはたまらない。メインプランがすっ飛ぶからだ。今度はT1の私がすかさずその子の前に立ち、Be nice. You have to be quiet. と注意した。すると『僕、英語わからんも～ん』ともう一発。思わず私は、You are a baby. と言った。彼は日本語でまくしたてたのだから、英語活動指導者に対する敬意もあったものではない。You sit down here. You listen to my English. If you are a baby, stand up and go.

あとは想像にお任せする。教室は想定外の連続のようだ。

 Music, start!
英語活動には音楽が付き物だ。教室に着くと、教材が入った紙の衣装ケースから真っ先にCDを出す。CDプレーヤーは各教室タイプもその置き場所もバラバラである。CDプレーヤーを引っ張りだし、コードをコンセントに差し、どこがCDトレーのオープンボタンか探し、CDの頭出しに音の調節。これを数秒でこなさなければならないのだから困りものだ。この作業があるからチャイムの前に教室に行くのだが、こちらが着いた瞬間慌てて号令をかけられてしまうということもある。おまけに大概のCDは音調節されておらず、聞きだした瞬間慌ててボリュームアップというわけだ。Musicのはじめの音はかき消され、どうもリズムに乗れない。こちらはジェスチャーもして見せなくてはいけないので、本当にこの瞬間だけは猫の手も借りたい気持ちである。 P.114

 Good bye. ブチッ！
英語活動の終わり方についてである。ゲームが最後に大概来る。ゲームが盛り上がりの中、楽しい余韻を残して去りたいところだが、チャイムが鳴ったらそういうわけにはいかない。生徒も担任も次の授業の準備に忙しい。『今日の英語活動は楽しくできましたか』の一言があればといつも思うのだが、効果があると思われるのだが、なかなか難しいようだ。

 机の組み方だけど。島にする？ロの字？
『こだわりがあるんだなあ』今まで三校回ってきたけれど、担任からそ

んなリクエストがなかったので私は少し戸惑った。でもありがたかった。その先生のアドバイスのおかげで、学年を統一して口の字型で授業をした。私が空間の開いた真ん中でデモをする。お尻向け続ける方向がないようにジェスチャーをしながら、反対側の生徒も取り込んでもう一度ジェスチャーをする。さあやるよ。いいね。との時も同じだ。確認はぐるっとクラス全員を見渡して全方向から許可を取り付けて次の活動にはいる。狭い教室が広い舞台となった。とても活動的な授業になった。

 日本語で言うてぇ

低学年のクラス。'Now everyone, we will have an English lesson four times. We have songs and games.'と授業をはじめた途端、ある生徒がこう言った。『日本語で言うてぇ』私は、「大丈夫だよ」といった顔をした。そして担任も同様、「待て」の合図をしてくれたのだ。ここは大きな転機である。ここで担任が、「私の生徒は困っている、私は助けてあげなければ」とぜひ思わないでほしい。この少しわからないことが起こっている状況を五感ならぬ目と耳と体を使って、この状況を乗り越えることが今回言われているInfer 推察なのだ。海外旅行へ行っても通訳がいつもいるわけでもない。ジェスチャーでも顔の表情でもとにかく、なんとかして自分の意思を伝えないと伝わらないのだ。そして伝えようとしたらなぜだか伝わるものなのだ。そして最後の授業ではそのクラスも他のクラス同様、Like の概念をすべて英語で聞きとり、そして理解して、最後のスピーチ発表を見事英語でやりきった。日本語での説明は全くしていない。コミュニケーションが非言語要素80％と言われている所以がここにある。しかし失敗もある。ある学校ではこの瞬間担任が手助けをしてしまった。その瞬間から生徒は担任の日本語に最後まで頼ってしまった。Stand up. Sit down.まで逐語訳だったのでたまらない。きっと一番つまらなかったのは生徒だったと思う。『Stand up.

立ちなさい。Sit down. 座りなさい』 P.118

 I show you cards.
カード提示のとき、私がいつも言う言葉だ。しかし、この言葉のあと生徒の何人かからいつも笑いの声が聞こえてくる。『え～っ。ショウユ（醤油）やって！』オール・イングリッシュで授業を受けている彼らにとって、耳慣れた日本語にはすぐさまリアクションだ。全くすごい空耳だ。困ったことにどうしても意味が通じない。カードをもう一度ゆっくりとめくってみせて、『Show. I show you a card.』と言ってみた。まだ何人かが『ショウユ～』と笑いがまじったなんともいえない顔をした。そこで担任が思わず日本語でサポートした。『カードを見なさいってことだよ』・・・えっ。私は絶句した。それでは Show＝見なさい。といった概念になってしまう！！ 確かにこの言葉で要求している生徒たちの行動は『カードを見る』という言葉だが。なかなか難しい。

 自閉症の生徒のスピーチ
ある学校の低学年のクラスの英語活動が始まった。クラスに入ると先生がこっそりと白いメモを渡してきた。ある２人の生徒の名前だった。「なかなか英語がわからないと思う」とそっとおっしゃった。授業が始まると、なぜだかすぐその理由がわかった。その名前の一人が担任の先生の足にまとわりついて離れないのだ。クラスのみんなは驚いてはいなかった。やはり先生のご心配されたように英語活動ではあまり席に着くことはなかった。大きな声を出すわけでもないが、ふとどこかへ行ってしまうような、とに

かく気になる子だった。最後の授業だった。今日はスピーチだ。その生徒は大丈夫だろうかと不安がよぎった。授業のはじめ、その生徒はいつもになく自分の席について、こちらを向き集中していた。○○、good.と私は誉め言葉をあげた。ちょっと嬉しそうだったので、また集中しているときにもう一度誉めてみた。その子の前向きな態度はちょっとあまのじゃくだった。そうこうしているうちにスピーチの時間が来た。今日は最後の時間なので低学年もI likeをつかった自己表現をする。やりたい子だけにするか、全員発表にするか決めるのかどちらでも進行可能な時間があった。どんどんと手があがって次々と発表していく。発表者には大きな恐竜のスタンプがもらえるのも、子どもたちには魅力らしい。2回もらおうと手をあげる生徒もいた。後半終わり頃、突然その子が手を挙げた。スタンプに目がくらんだのか何なのかはわからない。前で出て英語のスピーチをした。みんな大拍手だった。授業が終わって担任の先生が教えて下さった。私が気にしていたあの子は自閉症だということを。 P.130

 担任の先生！　プリーズ

TTの場合、T1とT2の信頼関係を生徒の前で示すこと、これが残りの授業の成否を決める。そのため私は第1回目の授業で担任の先生にデモに授業のはじめに必ずデモに入ってもらっていた。指導案には枠で担任のセリフを書き、朝職員室で短い打ち合わせをする。これで十分だと思っていた。なぜなら授業では担任の先生はとても上手にデモをこなして下さっていたからだ。また授業の途中で子どもたちの集中が切れたりしそうになると、私は担任の先生コールを突然した。しかし、これはどうも突然はまずいらしい。うまくこなす先生もいればとても緊張してしまう先生もいる。もちろん後者は最悪の事態となる。なんたって子どもたちの大切な担任の先生をいじめたことになるのだから。急に子どもたちとの距離が遠くなった。

やっぱり打ち合わせは念入りにですね。

 大芝居に拍手！
A5の指導案。エクセル仕様。ポイント10．確かに細かい。でもこんなに打ち合わせの時間がないと文書でお伝えするしか方法がなくて、こういう形になった。一般的な指導案の大きさに合わせていたが、少し無理があったようだ。最近手元の細かな書類にすぐにピントが合わず困ることがある。老眼の先生もいるわけで、授業中ぱっと見た瞬間今何をしているのかすぐにわかるようにしておかないと、せっかくの打ち合わせも水の泡となる。そこでとりあえずB4に拡大。
私の場合、指導案は前日にお渡しするようにしている。聞くところによるとマーカーまで引いていいただき、こちらとしては熱心に見ていただいてうれしい限りだ。担任の先生も私も、子供たちの前で一回公演限りの大芝居をうたなければいけないのですから、お互い真剣勝負なのだ。本当にドキドキする。子どもたちの前で恥をかくわけにはいかない。さすが担任の先生、絶妙なタイミングでデモをこなす。担任登場は授業のスパイスである。子どもたちは目をきらきらさせながら私たちの芝居を楽しんでくれる。

 Are you ready?
カルタゲームの態勢になったとき、さあ始めるよ。という声かけを歌に乗せてこんな風にメロディにのせて歌う。カードを並べる準備に口も手も忙しい子供たちが、この歌声が聞こえてくると不思議とさぁっと静かになる。ある学校の先生が言った。『あれ、気持ちいいねえ』と。　私もお勧めと思

ったので、名古屋のALTを経験されたことのある、ある担任の先生に勧めてみた。
するとその先生から『あれやってみたんだけど、子供たちに「英語の先生と違うのに何で担任がいうの?」とあっさり言われてしまった』とのこと、私はとても悲しかった。名古屋の子どもたちは担任は英語はしないってことになっているのだろうか。 P.133

高学年の授業
高学年の授業の前はいつも緊張する。職員室を出る前にはいつも自分に『気合いだ！』の一言をかけて職員室のドアを閉める。高学年の目は厳しく、授業というものに対して注文がうるさい。だから高学年がバロメーターだ。綿密に授業プランを立てていかないと、とんでもないことになる。高学年の授業は戦闘態勢だ。

高学年の担任
初めのデモが終わると、なぜだか担任の先生の存在感がなくなる。担任はずっとうしろに下がって、何もいわず鬼のようなって授業を見ている。高学年のクラスがどこのクラスも和気あいあいとは限らない。なんとか力で抑えているクラスも実際にはある。そんなところは担任を活動に呼び込むのはご法度だ。英語を間違えてもいけないし、日ごろ怖いはずの担任が、明るくハイテンションで英語活動なんてできない現実がある。よくいうお通夜のような授業がよいとされる例だ。また、この場はやっていただいたとしても、その後の他の授業で示しがつかなくなると、高学年のクラス経

営が成り立たないのである。それを知ってからは高学年ではなるべく先生に振らないように工夫してみた。英語活動だけがすべてではないのだ。

 功を奏した挨拶：Hello, Ms. Matsuda
最後の学校では挨拶言葉で新たな取り組みを行った。Hello.といえば Hello.とオウム返し。How are you? と聞けば I'm fine, thank you. And you? と型にはまったように返ってくる日本の英語教育。海外では結構笑いの種になっている。なんとか脱したいものである。この学校でも同じだった。そこで高学年の授業を皮切りに、初めの挨拶と終わりの挨拶を英語でしてもらうよう徹底してみた。打ち合わせでは英語で挨拶をスタートすることと、先生の名を呼ぶときには敬称として Mr. か Ms.をつけることをお願いした。教室に入ってびっくりした。起立の号令からすべてが英語になっていた。Good Morning, Ms. Matsuda. えっ、ここはアメリカ？ 子どもたちの挨拶にはちゃんと私の名前も付け加えられていたからだ。挨拶の後に相手の名前をつける。アメリカではごく日常的なことだった。先ほどの打ち合わせではここまで要求したものではなかったので、ますます驚いた。打ち合わせの二つのお願いが合体した瞬間だった。本当にとても自然な挨拶だ。もちろんここでは担任の影のサポートが大活躍だったのだ。私の願いがまたひとつ叶った瞬間だった。

 挨拶　番外編
同じ学校の話。たった4回しかなかった英語活動だったが、早くも2回目から挨拶効果が表れていた。高学年の廊下を歩くと子どもたちが私の顔をみて呼びかける。Hello, Ms. Matsuda. ちゃんと Ms.とつけている。これに

は驚いた。英語の挨拶効果がこんなに早く浸透するとは全く想定外だ。本当に子どもは柔軟だ。ぜひこの活動は続けていきたいものだ。

 スピーチではメモを見ない

『英語ノート』ではスピーチをする際の手助けとして、スピーチメモの作成が考えられている。低学年でのI like～.にしても、高学年と同じようにスピーチメモを作って臨んでみた。スピーチの内容が何か残るということはいいと思ったのだ。しかし、スピーチ自体が今ひとつだ。カンペを見たスピーチのように、聞いているものにとってインパクトのない訴えの弱いスピーチとなってしまうからだ。また英語もしかり。読むことばかりに集中してしまうようだ。あんなに練習して上手に言えてきた英語が、途端に日本語訛りだ。これでは正直通じない。英語をリズムにのって英語らしく言わせるには、メモを見ないほうが正解のようだ。

 みんな、その理由が聞きたい

高学年のスピーチのときのこと。『英語ノート』で使っている上級用Lesson 9 の最後のレッスンだ。最初に告示したとおり、最後には英語でスピーチをすることになっていた。英語ノートの指導書に即してプリントを作成した。Hello. 名前。将来の夢(なりたい職業)そしてその理由だ。理由を英語で言うか言わないか、さんざん迷った。できれば英語で言ってほしい。年度初めにはそう思っていたが、担任に聞いてみると友達の将来の夢を日本語ですら、聞いたことがないというのが実情だった。Reason の欄はJapanese is OK.と告げた。途端に子どもたちは『日本語でもいいの?』と聞き返す。Yes, Japanese is OK.と私は答えた。ここで文科省の指導要領を書いた管調査管の図が思い出される。英語の前にコミュニケーションあり

きなのである。少なくともいま私の目の前にいる子どもたちの能力では英語で理由を言うことは必要ないこと、そう私は判断した。きっと何年かこの活動が定着してきた時にはその理由を自分の言葉になった英語で自信をもって言ってくれる日が来るだろうと信じている。

 スピーチの終わり方

日本人は本当にスピーチが苦手のようだ。最近では低学年の時分から日本語で、3分間スピーチと銘打ってよく授業でやっているようだ。しかし、英語のスピーチは少しあり方が違うのだ。まず挨拶とこれは同じだが、顕著に違うのが最後の終わり方だ。英語では聴衆に対して、自分のスピーチを聞いてくれて Thank you. とここで礼をいうのだ。これは絶対言わないといけない言葉だ。欧米では自分の時間・相手の時間を区別しそれぞれとても大切だと感じている。スピーチの自分の主張をあなたの時間を使ってしまって聞いて下さってありがとうということなのである。アメリカではスーパーマーケットのレジでも、学校の先生に質問するときでも、自分の番を辛抱強く待っている。日本みたいにすきあらば横入りしようとか、早い者勝ちに先生に質問するとか、大きな声を出したもの勝ちとかいう邪な考えは大変恥ずかしいことだと考えられている。だから Thank you. なのだ。不思議なようだが、Good bye. ではない。

 針の筵（ムシロ）

いい学校だったが、あるクラスだけが今一つ日本語のおしゃべりも止まらず、私にとって不本意だった。第1時目。6～7人も座って日本語で発言してくるクラスがあった。言っていることは授業の進行に沿っていない。バラバラだ。ここは相談会ではないのだから変な授業だった。第2時目。や

っぱりおしゃべりは止まらない。ゲームもうまくできない。とうとう私の雷が落ちた。今年度2回目だ。英語活動では怒ることは最後の手段だ。授業が終わった後担任にすかさず相談した。第3時目。担任の先生も気にして下さっていたのか授業が始まった瞬間、『机を後ろに引いて、椅子だけにしよう』と生徒に声をかけた。ん？椅子だけ？今日の活動では絵を描くのでどうしても机はいる。指導案を見ていていただいたはずだが・・・生徒の前で担任の指示を否定したくはなかったが、言わざるを得なかった。英語活動を集中して聞かせるようにいう担任側の判断だったようだ。その日の活動もやっぱりぎくしゃくする。楽しいはずの例のジェスチャーゲームが、時間がなくなって不完全燃焼だ。今日も子どもの心は掴めなかった。次は4時目だ。次のサイゴンお授業が心配になった私は、教室を出るとき担任に耳打ちした。スピーチがあるので練習してくるようにと。そのクラスだけがスピーチメモが時間内に作成が終了していない。第4時目の授業中時間を割いて作ることにした。さてスピーチだ。私の英語の説明が始まる。すると途端に子どもたちの顔が下に向いた。あるいはうわの空状態の生徒がまた数人だ。子どもたちの無言の抵抗だ。まったく恐ろしい瞬間だ。授業はきっとこうなる前に手を打たなくてはいけないだ。特に専科のような音楽や英語活動のように指導者が担任以外になったとき、本当に聞けるクラスができていないと、とてもやりにくい授業になる。私の英語のスピーチ手順のあと、担任の先生に日本語サポートを要求した。他のクラスでは日本語訳は不必要だったが、このような状態なので私も担任のサポートが必要だと判断した。担任が話しだすと生徒は急に生き生きする。この瞬間私はこれは英語活動ではないと感じた。担任の日本語説明が終わった。さあメモ作成に入るのかと思うと、あっちとこっちで「先生、質問〜」と手が挙がる。先生が親切に答える。しかし、どれもさっき担任が日本語説明したものだ。担任もふと気がついて、『お前ら3回目だ！』とカツを入れ

た。スピーチは担任主導で行われた。スピーチの言葉だけが英語であることが私には奇異に映った。しかし、ここでさらに無理をしてオール・イングリッシュで進めることは、子どもに英語活動を嫌いにさせることだ。これだけはやってはいけないのだ。 P.111

 ウィッシュくん

苦手の高学年。噂通りなかなかの問題児がなぜだかぞろりといるクラスだった。左右端に前後2人。ど真ん中に一人。ど真ん中がいけない。私が一言話すと、自分の耳に聞こえた通りの何語ともわからない言葉でシャドーイングするのだからたまらない。とてもうるさい。英語活動が嫌でそうしているのか、わかりすぎてそうしているのかわからない。ただ授業妨害になっている。担任の先生は頼もうと、どこ？と私は目で追ったが、何せその子がど真ん中に座っているのでその子に手を出せないらしい。授業が終わって担任に相談した。放っておくのが得策だと教わった。

第2時目の授業。念のため私はポケットに密かにレッドカード・イエローカードを忍ばせていた。これ以上うるさくするのでは授業が進まないからだ。なぜ静かにしなければいけないのか、英語であれこれ説明している時間もこちらの指導案には全く余裕がない。昨日のようにうるさかったら、すぐにカードを提示するつもりだった。ところが、である。なんとその子は今日は従順で、しかも『英語やったらやるわ』とつぶやき、ゆがんでいる机をきちんと直し前を向いた。その日は彼なりに1時間できるだけ静かに参加していた。2日目は合格だ。第3時目の授業の後半はジェチャーゲームだった。黒板にある職業カードの中から好きなものを選び、ジェスチャーのみで次に伝えるといったゲームだ。前列の人がリーダーとなって、黒板の前へ集まった。例の彼も入っている。彼はFishermanを選んだ。用

意、スタートでゲームが始まった。彼の列は問題児ばかり集まって、他の列 7 人に比べてなんと 4 人だけで構成されている。Stop.ということで Answer check.が始まった。1 列目。Sumo wrestler. どすこい！のジェスチャーで Good!! 次の列。Florist.も手で花をかたどってこれもパス。さあ彼の列だ。4 番目のラストの子が、首をかしげて立ちあがる。そして『わからん。I don't know.』のジェスチャー。仕方がないのでジェスチャーを決めた彼に聞いた。What was your gesture? 彼は両手をクロスさせ、繰り返しある言葉を言った。ウィッシュ．ウィッシュ．クラス全員がえっ～と言ってのけぞった。今はやりの元竹中首相を祖父に持つ、ダイゴのお決まりのポーズだ。『何で Fisherman がウィッシュやねん』とブーイングだ。君の参加には意義があるけどそれはないな、という気持でその列は Out.にした。

第 4 時目。もう最後のレッスンだ。いつも最後は前半で英会話体操の歌のジェスチャーダンスショーとして発表する。これがどのクラスも大盛り上がりだ。最後の締めとして、みんな全員立って CD に合わせて大合唱する。歌の歌詞はこうだ。　Brabrabrabra.　What?　Do you speak Japanese? Yes, a little. もうみんなリズムに乗り乗りだ。思い思いのジェスチャーに CD に合わせて大合唱だ。Brabrabrabra　What?　次のフレーズの時彼に振った。Do you speak Japanese?　彼がリズムに乗って私に真顔で答えた。No!　それを聞いていた周りの生徒は大笑いだった。本当に愉快だった。そして最後のトリの活動は英語のスピーチだ。やりたい人がすることにした。すると何と彼も発表するというのだ。大丈夫だろうか。『英語ノート』上級用最後の単元、総まとめの将来の夢を語ろう、だ。彼は I want to be a game programmer.と、名前を含めて 5 文の英文のスピーチをやってのけた。なかなか発音がさまになっていたから驚きだ。本当に思い出に残るクラスだっ

た。

特別支援教室の英語活動　パート1

正直特別支援教室の授業は苦手のひとつだ。生徒の英語への能力が個々に違いすぎているためだ。おまけにその経験がないので、こちらも子どもの扱いがあまりわからない。指導案を作成するにあたって、今回発表されたコミュニケーションの素地となる活動としてど、のカリキュラムをあてはめるのか全く手探りだ。今まで歌やゲームで単語が言えるだけの活動でとどめるか、コミュニケーションの手掛かりになるよう文で言わせてみるか、自己表現して見せるか、前日長い打ち合わせが特別支援教室の担当の先生とあった。かなり話をしてみたが、お互い不安のまま明日を迎えることとなった。新しいことをするみんなが不安だった。第1回目の授業が終わり、子供たちの英語活動への感想を担当の先生から聞いた。我々の心配をよそに、意外と楽しんでいたということだ。英語スキルを求めた学習からコミュニケーション的な学習へのトライだった。毎回本当に綱渡りのような授業だった。

特別支援教室の英語活動　パート2

特に気を使ったのはいろんな活動をひとつのテーマを持たせて指導したことだ。そして最後には普通教室と同じ活動を、ジェスチャーをふんだんに交え、ゲームの説明を行った後子どもたちにやらせてみた。先生の好き嫌いを当てようといった『英語ノート』初級用 Lesson 4に紹介されているゲームだ。Do you like milk?と先生に聞き、生徒にその答えを YesかNoをまず推測させ、先生が答えを言うといった活動だ。普通教室では混乱があったにもかかわらず、意外にもこのクラスの生徒たちはすんなりとオー

ル・イングリッシュで受け止めゲームを楽しんでいる。私は本当に驚いた。同じことがまた別の学校の特別支援教室でも起こった。私は文科省の管調査管の言葉を思い出した。『特別支援の子どもたちも楽しむ英語活動であることが望ましい』そうなんだと思った。言葉が話せる以上この活動はきっとやっていける。

 ひたむきと言われて

ある学校の最終日。今日が英語活動最後の日だ。朝から職員に挨拶、朝会で児童にお別れの言葉、そのあと1時間目に授業があるので、まさに5分刻みのスケジュールだ。ものすごく慌ただしい。そんな中本当にもう少しこの学校に入れないものかと、いつも最後の日には思ってしまう。そんな日の職員室での挨拶の時、校長先生からお別れの言葉をいただいた。『ひたむきという言葉がぴったりの先生だった』とても嬉しかった。努力が報われた瞬間だった。でもそんな風にひたむきに仕事をできたのは教材作りにしろ、時間割りにしろ、こちらの仕事をしやすいように教務の先生、事務の方々がサポートして下さってこそなのだ。やっぱりこの現場はお互いの理解や協力がなければ、よい授業は生まれないのだと思った。本当にありがとうございました。

 第2節　子どもからの言葉

平成20年度1年間で赴任した学校の数は5校、指導した学級数で言えば、100学級、児童数では3000人以上にもなります。本当にたくさんの出会いがありました。子どもたちとはたった4回の出会いでしたが、学校を去る時はいつも複雑な思いで一杯です。子どもたちからの「ありがとう。楽しかったよ。」というメッセージは指導者にとって本当にエネルギーになります。子どもたちからもらったたくさんのメッセージの中から、いくつかご紹介したいと思います。子どもたちの成長をぜひ一緒に感じてみて下さい。

◆高学年から

短い授業時間の中、いろいろな英語を教えてくれてありがとうございました。松田先生のおかげで、ふだん何気なく使っている日本語は英語にしてみると、発音などがとても変わることがわかりました。私にとっては、松田先生とすごした時間はとても宝物に感じました。私も1年生になる前に少しやっていましたが、今年の英語活動はとても勉強になりました。5年女子

短い時間でしたが英語の授業はいつもとても楽しかったです。私は3年半間ぐらい英語を習っていましたが、知らない単語などもあってとても勉強になりました。本当にありがとうございました。5年女子

英語の時間に、英語の歌を歌いました。そのときに、歌といっしょに、ジェスチャーをしました。英語だけでなく、ジェスチャーもやったのでとて

もおぼえやすかったです。　　　5年男子

ぼくは英語のうたをきいておもしろいなあとおもいました。リズムやそのときのことがよくわかりました。ぼくが一番たのしかったゲームはジェスチャーゲームです。なぜかはおしえられたりするのがおもしろかったからです。えいごかつどうをしてえいごがよくわかった。だけども、もうちょっとローマ字がでてこればいいとおもった。英語活動でならったことを、どこでもすらっといってつかっていきたいです。5年男子

ぼくは英語の歌を歌いました。その歌は英語の歌で、ジェスチャーをしながら歌いました。みんなでしょうとくたいしゲームをした。ぼくは2つ分かったけれどあとは分らなかった。ぼくは英語活動をしてやっぱり英語はたのしいなあて思った理由は、歌がリズムにのっていて面白いからです。
5年男子

英語の授業楽しかったです。私も先生ぐらい英語が話せるようになりたいです。みんなで歌った歌が一番楽しかったです。5年女子

英語をぼくはペラペラにしゃべるようになりたくて、松田先生がペラペラしゃべっているのを見るとうらやましかったです。僕もペラペラしゃべるようにがんばります。　　5年男子

Hello!　ミズ松田。いろいろなゲームをしてくれてありがとうございました。オモローでした。3・4回ぐらいしかできなかったけど、授業の中で一番おもしろかったです。アメリカに行っても僕たちのことを忘れないでください。Thank you.　　5年男子

◆中学年から

4回しかえいごをできなかったけど、えいごをいっぱいおぼえられました。4回ありがとうございました。わたしは、スチュワーデスになりたいけど、えいごおぼえなきゃっておもってたけど、わたしはえいごをおぼえるのはにがてだけど、どんどんえいごが楽しくなってきました。えいごをおしえてくれてありがとうございました。　　　4年女子

先生、今まで英語を教えてくれて、ありがとうございました。では、じこしょうかいを英語でしてみます。How do you do? My name is Miki. 合っていたでしょか？それではお元気で！

こないだは英語の勉強をやってくれてありがとうございます。ぼくもたくさん英語のべんきょうをして、先生と英語で会話したいです。シーユー
　　　　　　　　　　　　　　　　　　　　　　　　4年男子

えい語のかるたやゲームがおもしろかったです。今度もしアメリカに行ったら、えい語でハンバーガーをちゅう文してみたいです。4年男子

◆低学年

わたしは、さいしょえいごがちょっとしかわかりませんでした。なので手があがりませんでした。でも、がんばっておぼえようとしたので、1日ぐらいでおぼえました。きんちょうしたよ。　　2年女子

ぼくはえいごかつどうで、だんすをおどってたのしかったです。えいごの先生のえいごがたのしくて、自分もえいごがいっぱいしゃべれたらいいと思っています。おとといぼくはすたんぷをおしてもらって、だんすをしておもしろかったです。ぼくはきのうゲームをやってきんちょうしてたらできて、すたんぷげっとできて、うれしくて、ありがとうをいいたかったけど、じゅぎょうでいえませんでした。　2年男子

わたしは、えい語をやってたのしいと思ったので、将来外国に行きたいと思いました。外国に行ってがい国人とお話したらたのしいだろうなと思います。なので英語をもっとならいたいです。2年女子

ぼくは、えい語をならっていないので、学校のじゅぎょうでえい語をするのが楽しみでした。そして学校でえい語をしてえい語のダンスをしながらえい語の意味がわかったので楽しかったです。一日一時間では、たりなくてこれからまい日えい語があればいいのになーと思いました。　2年男子

英語をやる時にどんなかんじかドキドキしてたけど、やってみると歌やリズムにあわせて、言葉をいっぱいしゃべって、すごく楽しくてドラえもんやどらやきなどアニメのキャラクターもあったので、楽しいし、おぼえやすくって、むちゅうになって、ときどき夜ねてるときもゆめを見た時があって、小学校でやる英語が大好き人なりました。すごく楽しかったです。2年女子

えいごはわからないところがあったから、わかりませんでした。でもわかるところがひとつだけありあました。まだあるのでわからないところをおぼえたいです。おぼえてえいごをいえるようになりたいです。えいごはた

のしいので、どんどんおぼえたいです。それでママにいいたいです。パパにもいいたいです。　　　　　　　　　　　　　　　　　２年男子

いつも、たのしくえいごをおしえてくれてありがとうございます。これからもがんばります。　はろー。　わっちょわねーむ　１年女子

えいごのべんきょうたのしかったです。どっぐとかきゃっととかすねいくとかいっぱいおぼえました。つぎはもっともっとえいごができればいいとおもいます。１年女子

おわりに

授業をするってどういうことだろう？　私の頭の中にはいつもこの言葉が離れません。チャイムが鳴る。子どもたちの目の前に立った瞬間、それは私にとって一劇の幕が上がったのと同じ感覚があります。英語のみで授業をするということは、母国語で授業するのとは違った準備がいろいろと必要です。教師も大変ですが、座って聞いている生徒も大変なことです。いつもの教室がいきなり英語ばかりになるのですから、その変化につい辛抱ができず、『先生、日本語で言って！』という子がよくいます。その瞬間です、私がマジックをかけるのは。

主人の駐在の関係でアメリカで長い間生活をしてしまいした。子どもが小さかった頃、フロリダのデズニーワールドへ何度か足を運びました。今から10年程前、今では東京のデズニーランドでよく観られるウォータースクリーンのショーが、ちょうど世界に先駆け紹介されたころでした。ショーの始まる1時間以上から呼び込みが始まり、すり鉢状の会場を何千人と埋めていくのです。やっと自分の席が定まったところでふと時間を見てみると、ショーが始まるには小1時間以上時間がありました。当時幼稚園児二人を抱えていた我が家としては、ノートを二つあわせたような程度の小さな折

りたたみ席に、お利口に1時間待たせるなどいうのは至難の業でした。そんな心配をよそに絶妙のタイミングで、上からまずはホットドック屋さんが降りてきました。その次にはカキ氷屋さん。まずは腹ごしらえというわけです。夕方の6時ともなれば、それもうなずけます。ちょっと落ち着いたなと思っていると、10列ぐらい前の右の席あたりが今度はなんだか妙に騒がしくなっているのです。どこから現れたのでしょうか。細身の長身で、黒ぶちめがねの足長おじさん風の、スーツケースを片手に持ったお兄さんが見えました。頭のおかしいのか、それともこれはデズニー側の仕込みなのか、微妙な注意を引きながら、変なお兄さんが前列の席にすわっている観客となにやら交渉をし始めました。なんだか頼みごとをしているようなのです。まわりの観客もハンバーグを片手に彼の動向を何気に視野に入れているようです。それから彼のMy timeが始まったのです。

パントマイムのショータイムでした。二つの椅子をなんとも危なっかしく縦に並べて、どうやらその上に立つから見てろというのです。ふと我に返ってあたりを見ると、そのショーを見ている周りの観客は白人、メキシコ人、黒人、アジア人とアメリカのいつもの街の風景と同じ感じでした。これはショーの最後に司会者が観客に聞いたことでわかったですが、これらの観客は世界中から来ていたというのです。アメリカ・カナダはもちろん、メキシコ・ヨーロッパ、遠くは南アメリカ、そしてアジアからというわけです。国籍を超えた大衆が集まったときの共通の言語、それは非言語ではないだろうか。彼は30分ほどの時間、全くジェスチャーのみで観客を惹きつけました。そして私もものの見事に引き込まれてしまいました。きっと彼の一挙一動には繊細に計算されたスクリプトが、頭の中にあるはずだと私は感じました。間といい、表情といい、そこにはちゃんとストーリーがあって、見る人を楽しませてくれます。真のエンターテイメントです。

学校でこどもを目の前に立ったとき、多くてたった40人だが、私はあのパントマイムのお兄さんの気持ちになって授業をします。待つときには待つ。惹きつけるときというのは、こどもの目からでてきた視線上にある見えない糸を、手綱のように持ち話を進めるというわけです。きっとこれが担任の先生の持つマジックだと思うのです。

そもそも学校というところは神聖な場所だと私は思っています。自分自身二人の子供を通わせ、一日子供を学校に預ける一人の親として、特に小学校は一生のスタートの学びの第一歩なのだと思っています。子どもたちにとって一生の中で、はじめての英語活動、そしてはじめの英語の先生なのです。学びの場所は初めが成功しなければ後は続かないと思うのです。

そして最後に、文部科学省の高校英語の新指導要領を担当された太田春彦先生が講演でおっしゃっていたことを思い出されてなりません。これからの教育は生涯学習であるということです。学習するということは決して学校の中だけで終わるのではなく、生涯教育であるということです。これからの日本の教育はますますそうなっていくことでしょう。私たち大人は21世紀を駆けていく子どもたちが生き抜く一つの力をぜひつけてやらなければなりません。小学校英語活動がその一つになればという思いです。しかしながら小学校英語活動はまだ何がどうあるべきだかよくわかりません。授業を提供しなければいけないものとして、日々悩んでいます。これから日本を背負っていく子どもたちのために、同じ思いの方とぜひ学びあっていくことができればと思います。

松田　真由実

著者紹介：

松田真由実（まつだ　まゆみ）

平成 20 年度名古屋市教育委員会による英語活動アシスタントとして名古屋市内の公立小学校で、オール・イングリッシュによる英語活動を 400 時間指導。
元私立徳島文理大学付属徳島文理小学校英語科講師。アメリカ合衆国ウィスコンシン州ミルウォーキー市公立高校日本語科教師として、アメリカ人に日本語を 1 年教える。夫の海外転勤でアメリカ駐在歴 7 年。

子どもに聞かせる英語
子どもを動かす英語

～オール・イングリッシュによる小学校英語活動をめざして～

小学校英語活動必修化の向こうに

2009 年 3 月 31 日　第 2 版第 1 刷発行

著　者　　松田　真由実

発行者　　　　株式会社アクセア

印刷所　　　　横浜氏西区みなとみらい
　　　　　　　　　2-2-1

~21世紀の子どもたちのために~

www.ingramcontent.com/pod-product-compliance
Lightning Source LLC
Chambersburg PA
CBHW080539170426
43195CB00016B/2617